ちきりん

徹底的に考えてリノベをしたら、みんなに伝えたくなった50のこと

ダイヤモンド社

はじめに

築20年余り、60平米ほどの自宅マンションをリノベーションしました。きっかけは海外旅行の前々日に洗濯機が壊れたこと。購入から13年目だったので寿命での故障ですが、洗ってスーツケースにつめようとしていた大量の衣類を前に呆然！　急いでコインランドリーに走りました。

なんとか旅行には間にあったもののパッキングで忙しいのに余計な時間がかかり、かつ、帰国後の洗濯にも一苦労。生活家電が突然壊れることの不便さを思いしったのです。

考えてみればその時点で冷蔵庫は18年目、新築でマンションを購入して以来、一度も交換していない給湯器やクーラー、キッチン設備やトイレ、ユニットバスも20年超えと、どれもこれも「いつ壊れてもおかしくない」状態でした。

リノベーション（以下リノベ）には以前から興味があり（リフォームとリノベの違いは後述します）、老朽化が進む水回りや生活動線に合っていない間取りもなんとかしたかった。でも「忙しいし、めんどくさい」とついつい先延ばしにしていたのです。

それが、洗濯機の故障で決断できました。経過年数からみて、ほかの場所でも順次不具合が出てくるはず。そのたび慌てて交換するのは面倒だし大変。どうせなら間取りや内装も一新したい。それならと重い腰を上げ、リノベを決めました。

その後は「リフォーム」「リノベーション」というキーワードでネット上の情報を検索しまくり、同時に大量のリノベ本を読みました。それらは間取りやインテリアのヒントを得るためにはとても役立ったし、「私もこんな部屋に住みたい！」という夢を膨らませてくれました。でもその一方、**知りたいのに見つからない情報もたくさんありました。**

たとえば「リノベにいくらかかったか」は書いてあっても、そもそも予算をどう立てればいいのかはどこにも書いてありません。もっとも重要なリノベ会社選びに関しても、「雑誌を見て相談に行ってみたら、すばらしい担当者に出会えた」とか「話を聞いているうちに、ここなら任せられると思った」といった抽象的で情緒的な説明が多く、再現性がありません。

そんなことを考えながらリノベ会社への相談を始めてみると、次々と知らなかったコトがわかってきました。そのなかには**「こんな重要なことを理解しないままリノベを始めるのは無茶だよね⁉」**と思えるようなコトも。

たとえば、リノベ会社に相談に行けば大半の人が「費用はどれくらいかかりますか？」と聞くはずです。でもこの質問にはまったく意味がありません。「リノベにはどれくらいの期間、かかりますか？」という質問も同じです。理由については本文を読んでいただくとして、私がこれらに気づいたのはリノベを始めたあとでした。

リノベ雑誌を読み、関連サイトを見ながら考えていた「こんな感じの部屋にしたい！」という夢も、詳細設計の途中で諦めました。いろいろな理由で「できない」「やるべきでけない」とわかったからです。すべてを取り壊して新しくするなら「なんでもできるはず」と考えていたのでショックではありましたが、そういった限界もできるかぎり早めに知りたかった。

さらにリノベを通し、世の中には「等価の価値を交換する取引」と「共同で価値を生み出し、それを分け合う共同プロジェクト型の取引」が存在する、と気づきました。これはリノベ以外のさまざまな分野でも役立つ重要な概念だと思います。

私は「ちきりん」というペンネームで文筆活動をしていたので、こうして得られた多くの学びを「これからリノベする人」にも共有したいと考え、本を書くことにしました。本書ではリノベ会社選び、契約から設計、施工、引渡までの各プロセスについて詳述しており、**「リノベしたい。でもどこから始めればよいのかわからない」という1年前の私のような方や、新築か中古＋リノベかで迷っている方にはとても役立つ実用本になった**と思います（私がリノベしたのはマンションですが、戸建てリノベを検討中の方にとっても、参考になることはたくさんあるはずです）。

この本の最大の特徴は「**徹底的に顧客目線**で書かれている」ことです。リノベやリフォームに関する本の多くは、設計士やリノベ会社などプロによって書かれており、「専門的で詳しいけれど、初めてリノベする客の気持ちがわかっていない」と思うこともよくありました。だからこの本は、リノベ業界で仕事をされている方にもぜひ読んでいただきたいと思っています。なぜならここには「顧客目線で見たとき、リノベのなにがわからないのか、なにが戸惑いの源なのか」具体的に説明されているからです。業界の方が本書を読んでくださり、専門家と素人である客の距離を少しでも縮めていただけたら、とても嬉しく思います。

もちろん従来の「ちきりん」ファンの方にとっても、私が日常生活のなかでどのように物事を考え、マーケット感覚を使ったり生産性を上げようと工夫しているか、理解できる本として興味深く読んでいただけることでしょう。

最後に本書の構成を説明しておきます。第1部ではリノベとリフォームの違いなど基本的な知識に加え、リノベ前に**絶対に理解しておくべき大切なこと**を3つ紹介します。

第2部では、**リノベの各プロセスを時系列に説明**します。特にリノベ会社の選び方については、「なにをどう考えて意思決定したか」、ここまで詳細に開示した体験記はほかにないのではないでしょうか。近くリノベを検討中の方は、巻末資料に収めた費用明細と合わせてご活用ください。

工事の写真やイラストも多数掲載したので、マンションの構造やリノベ工事についての理解も進むと思います。これらについては、担当設計士の方に何度もアドバイスをいただきました。心より感謝しています。

最後の第3部では、**リノベの全体像をビフォー・アフター写真を交えて紹介**するとともに、引越や不要品処理、仮住まい経験を通して考えたこと、さらには「親の家問題」についてなど**リノベ後にシミジミ感じたこと**をまとめました。「常識にとらわれず、ゼロから自分のアタマで考えたら」どれだけ非常識な（？）間取りになるのかも、ぜひお楽しみください。

こんな部屋、普通はありえないよね、と思われるかもしれないけれど、自分にとっては圧倒的に暮らしやすい。そんな住まいを実現できるのがリノベです。本書がこれからリノベに乗り出されるみなさまの一助となりますよう心から願っています。

ちきりん

8個の疑問とびっくり

新築か中古＋リノベか、それが問題だ？

何もわからないのに予算を聞かれても困ります！

リノベのここがわからない！

リノベ会社の選び方がわからない

各社の答えがバラバラ!?

8個の疑問とびっくり

見積書の読み方がわからない!

えっ! 近隣の同意書が必要!?

リノベのここがわからない！

助成金の申請はお早目に

引越とゴミ処分が超大変！

目次

徹底的に考えてリノベをしたら、
みんなに伝えたくなった50のこと

第4章
予算もスケジュールも自分次第

第2部
リノベのリアルプロセス

第5章
リノベ会社のタイプを理解しよう

第6章
実録！リノベ会社の選び方

第1部

リノベ前に知っておきたいとても大切なこと

第1章

リフォームとリノベはどう違う？

リノベーションにもリフォームにも公式の定義はありません。法律で決まっているわけでも設計や工事の専門用語でもないのです。リノベーションはリフォームより大規模な工事を意味することが多いのですが、どの程度以上であればリノベーションと呼ぶのかも決まっていません。

本書では主にリノベーション、もしくはその略語としてリノベという言葉を使いますが、そもそも住宅の改修工事にはどのようなレベル（規模）のものがあるのでしょう。まずはそうした用語の整理をしておきましょう。

ＤＩＹか交換か それともリフォームか

棚をつけたり壁紙を貼りかえたりするだけなら自分でＤＩＹする人もおり、必ずしも業者に依頼する必要はありません。でもユニットバスやキッチン、トイレ（これらを住設備、もしくは住宅設備と呼びます）を新しくしたり床を張りかえたりする場合は、大半の人が専門業者に依頼するでしょう。それでもこのレベルでは「リフォームをした」ではなく「お風呂を新しいものに交換した」と表現する人もいます。

一方、壁を壊したり新たに作ったりすれば、ほとんどの人が「リフォームをした」と言い始めるはずです。そのリフォームには、和室をフローリングにしてリビングと一体化する、1つの個室を2つの子供部屋に分ける、といった部分リフォームと、住居全体の工事をするフルリフォームがあります。

このレベルになると「設計」というプロセスが必要になるので、施主《せしゅ》は設備や資材を選ぶ前に「このスペースをどう変えたいのか」をプランナーや設計士に伝えて図面を描いてもらい、具体的な工事内容について合意してから工事を依頼します。

「インフラの更新」が大きな境界線

住居全体をフルリフォームする場合も2つのレベルがあります。それは、インフラを更新（新規交換）するか否かという違いです。

社会のインフラといえば電気や水道などのライフライン、もしくは、港湾や道路、鉄道を意味しますが、マンションにおけるインフラとは換気ダクトや給排水管、ガス管、電気配線などを意味します（**写真1**）。

これらは通常、天井裏、床下、もしくは壁の裏を通っており、日常生活で目にすることはありません。しかし何十年も使用すればそれらも確実に老朽化するし、時には漏水や漏電と

写真1　壁や天井をはがすと現れるダクトや配線、給水管など。

いった事故を引き起こします。

分譲マンションは大きく分けると、住民全員の共有財産である**共用部分**と、区分所有者が個人で所有する**専有部分**に分かれます。インフラと呼ばれる配管や配線も同じで、マンションの外から各戸のメーター（設計図でMB＝メーターボックスと記されている場所にあります）までのガス管や水道管などは共有財産ですが、そこから**トイレやお風呂、キッチンへとつながる配管や配線は区分所有者の個別財産**です。

区分所有者はそれらを丸ごと取りかえて新しくする「権利」をもつと同時に、それらの不具合から問題が生じないようにする「義務」も負っています。なので、もし床下の給排水管が老朽化し漏水して階下の家に損害を与えたら、その部屋の住民から損害賠償を請求されることもありえます。

このためマンション保険（火災保険にマンション特有の特約を付加できる損害保険）には、自室からの漏電や漏水で他者に損害を与えた場合、その賠償費用をカバーするための特約が用意されています。

とはいえ、そういう事態をさけるため、区分所有者はインフラ部分もきちんとメンテしておく必要があるのですが、そもそも自分にも見えていない部品をタイムリーにメンテするなんて不可能ですよね。

しかもこれらインフラに不具合が出てくる時期は、築後20年なのか30年なのか、一概には言えません。マンションが建てられた時期により使われている部品の素材や性能も異なれば、使い方やメンテナンス状況によっても傷み方は変わります。つまり**自室マンションのインフラがどのような状態なのかは、「床や天井、壁をはがしてみないとわからない」**のです。

なので（今回の私のように）築20年超のマンションを居住者が自分でリフォームをするなら、その機会に（まだそこまで傷んでいなかったとしても）インフラもすべて交換してしまうのが極めて合理的だし、実際、大半の人がそうします。

でも、「もう自分はこのマンションには住まないので、リフォームして貸し出そう」と考えていたり、不動産会社が私からマンションを買い取り、ほかの客に再販売するためにリフォームするのであれば、必ずしも同じ結論になるとはかぎりません。

「築年数から考えてまだ大丈夫そう」であれば、「わざわざコストをかけてインフラまで更新するより、一目で新品とわかるキッチンやお風呂、壁紙にお金をかけたほうが貸しやすいし売りやすい」と考える可能性もあるでしょう。

だから、リノベずみ物件として売られているマンションの中には、外から見える部分だけを新しくした物件と、インフラまで交換した物件が混在しているのです。

スケルトンにしたら リノベーション！

電気配線や給排水管などインフラを全面的に交換するには、床や天井、壁をすべて撤去しなければなりません。**写真2**のように、躯体《くたい》コンクリートだけを残した状態＝躯体あらわし、もしくはスケルトン（骨格・骨組み）と呼ばれる状態にする必要があります。

こうしてスケルトンにしてインフラも交換すれば、まちがいなく「リフォームではなくリノベーション」と呼べるようになります。そして（後述するような制限はあるものの）間取りを大きく変えたり、水回りを移動することも可能になります。

反対に、**「間取りを大きく変えたいなら、スケルトンにすることが必要」**ともいえます。

キッチンやトイレなどの住宅設備や壁紙、床材はスケルトンにしなくても取りかえられ、そ

写真2　これがスケルトン状態。住みなれた我が家が丸裸に！

れらをすべて新品にすれば「見た目は新築」になります。でも生活動線は間取りを変えないと変更できません。

家族の人数や形、働き方が変わり、暮らし方が変わった、だから間取りも大きく変えたいと思うなら、スケルトンにして間取りまで変えるリノベーションでないと目的が達成できないのです。

住宅性能の大幅な向上も

スケルトン・リノベでは「住宅性能の向上」を目的とする工事が付加される場合もあります。外部に面した窓に内窓をつけて二重窓にしたり、高機能断熱材を追加する省エネ工事、段差を解消するバリアフリー工事、さらに今後はＩｏＴ（Internet of Things）によるスマートハウスを実現するための工事も増えるでしょう。戸建てなら太陽光パネルをつけて自然エネルギーで暮らせる家にする場合もあるし、耐震化、耐火性能の向上などもおこなわれます。

私も今回、真冬の冷気や西日による紫外線被害（家具がすぐに色褪せてしまう）、それに交通量の増加による騒音を軽減するため、すべての窓に内窓をつけ、二重窓にしました。後述しますが、その効果は絶大で驚きました。

このように住まいの改修にはさまざまなレベルが存在するのですが（**図表1**）、本書ではスケルトンにしてゼロから作り直すレベルの工事をリノベーション（略してリノベ）と呼び、主にこのレベルの工事について説明していきます。

ちなみにリフォーム会社はこれらの言葉を一段階ずつインフレさせて使っているように感じます。これは「老朽化した設備を交換しましょう！」より「水回りをリフォームしましょう！」のほうが消費意欲を刺激できるし、「リフォーム代金」より「リノベーション代金」のほうが高額のプロジェクトを意識させられるからでしょう。もしくは、「うちは見かけだけでなく、見えない部分のインフラもきちんと交換しています！」とアピールするため「リフォーム会社ではなくリノベ会社です」と言うのかもしれません。

［図表1］　マンションのリノベ・リフォーム規模レベル

小規模 ⟷ 大規模

一部面積			全面積		
①	②	③	④	⑤	⑥
収納棚をつける 洗面室や居室のドアを交換する 壁紙をはりかえる	ユニットバスやトイレ、システムキッチンを新品に交換する 床をはりかえる	和室をリビングと一体化する（一部の壁の撤去） or 水回りのみ設備一新、壁紙や床材もかえる	大枠では既存の間取りをいかしたまま全室の床や壁をはりかえ、ユニットバスやキッチンも取りかえる	床下や天井裏の給排水管、電気配線などインフラをすべて交換し、床、壁、住設備も一新する	左記に加え、バリアフリー、省エネ、IoT化など機能向上をはかる
間取りの大幅変更やインフラの全面更新はできない				間取りの大幅変更やインフラ全面更新が可能	
工事（施工）がメイン		工事（施工）に加え、設計も同等に重要			
老朽化設備の交換 インテリアの変更 日曜大工（DIY）の延長		リフォーム （フルリフォーム or 部分リフォーム）		リノベーション （スケルトンリフォーム）	

10年間ぐらいしか住まないかも。インフラまで更新しなくてもよいかな
使いにくい間取りをなんとかしたい
IoTを駆使したスマートハウスもよさそう
断熱性能を高めてバリアフリーにもしたいなー
水回りが古くて不便。水回りだけは一新したい

まずは「今の家のなにを変えたいのか」しっかり考えましょう！

リノベのポイント

❶住まいの修繕工事は「DIYでも可能な内装や収納の工事」「住宅設備の交換」「部分リフォーム」「フルリフォーム」「リノベーション」などにわかれます。

❷リフォームやリノベという言葉に明確な定義はないので、言葉より工事の中身が大切です。リノベ会社や工事業者は常に「かっこよく」「大きめの言葉」を使いたがります。

❸マンションの場合、スケルトンにしてインフラもすべて交換すると「新たに生まれかわる＝リノベーション」といえるでしょう。

第2章

「リノベならなんでも変えられる」はウソ

リノベをしても変えられないことはたくさんある

さて、ここからはリノベ前に理解しておくべき3つの大切なことについて解説していきます。その1つ目は**「スケルトン・リノベでも、できないことはたくさんある」**ということです。

壁や床、天井をすべてはがして作り変えるのであれば、希望通りの間取りが実現できると思っている人は多いし、私もそう思っていました。実はリノベ会社の人でも（営業段階では）そう断言する人もいます。でも極端に言えば「それはウソ」です。戸建てでも制約はありますが、集合住宅であるマンションにはさらにたくさんの制約があります。

外から見える部分は変えられない

当たり前ですが、共同住宅であるマンションでは自分の所有部分しか変えられません。ざっくりいえば「外側から見える部分」は変えられないので、玄関ドアや窓のサッシを取りかえたり、最近はやりのスマートロックを取りつけたりはできません。マンションの外観は全戸の統一感がとれていることに価値があり、その統一感が所有者全体の財産なので、勝手な変更は（たとえ新しくなるとしても）許されないのです（ただし、外から見えない玄関ドア内側の色を変えたり、既存サッシの内側に窓をつけて二重窓にすることはできます）。

水回りの移動は大変

もう１つ変えられないのが、間取り図に「ＰＳ」と表示されているパイプスペースです。この中にはマンションの最上階から最下階までつながっている縦管が入っており、トイレからの汚水やお風呂、台所からの排水を各階から下に流しています（**写真3**で便器の左側にあるのがその縦管です）。このパイプを自分の階（部屋）だけ別の場所に移動するのは不可能なので、ＰＳの位置は「絶対に」動かせません。

通常、新築マンションの水回り設備はＰＳのすぐそばに配置してあります。なので、もしリノベでそれらの場所を変更すると、新たなキッチンやトイレから既存のＰＳ縦管までを、横方向の排水管（横走り管）でつなぐ必要が出てきます。

横走り排水管は床下を通しますが、水を流すには一定の勾配が必要になるため、水回り設備を縦管から離れた場所に動かすと勾配確保のため床を上げる必要が出てきます（**図表2**）。**写真3**でも便器は縦管のすぐそばにありますが、それでも便器と縦管をつなぐ排水管にはかなりの勾配がついています。トイレを遠い位置に動かすと、この勾配を保ったまま管を延ばすことになるため、相当床を上げないといけなくなるのです。

写真3　このように、新築マンションの多くでトイレはPS（縦管）のすぐ近くに設置されています。

特に、ほぼ水だけが流れる台所やお風呂とは異なり、排泄物や紙なども詰まりなく流れる勾配を確保するため、多くの場合「トイレを動かすのはもっともむずかしい」といわれます。

また、部屋の中に複数の縦管がある場合でも、トイレとつなぐ管は別の縦管に変更できない場合が多いようです。なので通常はリノベしても、トイレは今つながっている縦管のすぐ近く（つまり今とほぼ同じ場所）に配置することになります。

こう考えると「スケルトン・リノベなら水回りはどこにでも動かせる」というのはかなりウソに近く、むしろ**「動かそうと思えば動かせるけど、トイレやお風呂を大きく動かしたら天井は低くなるし、コストもかかる」**というのが正しい表現ではないで

［図表２］ トイレの移動と天井高の関係

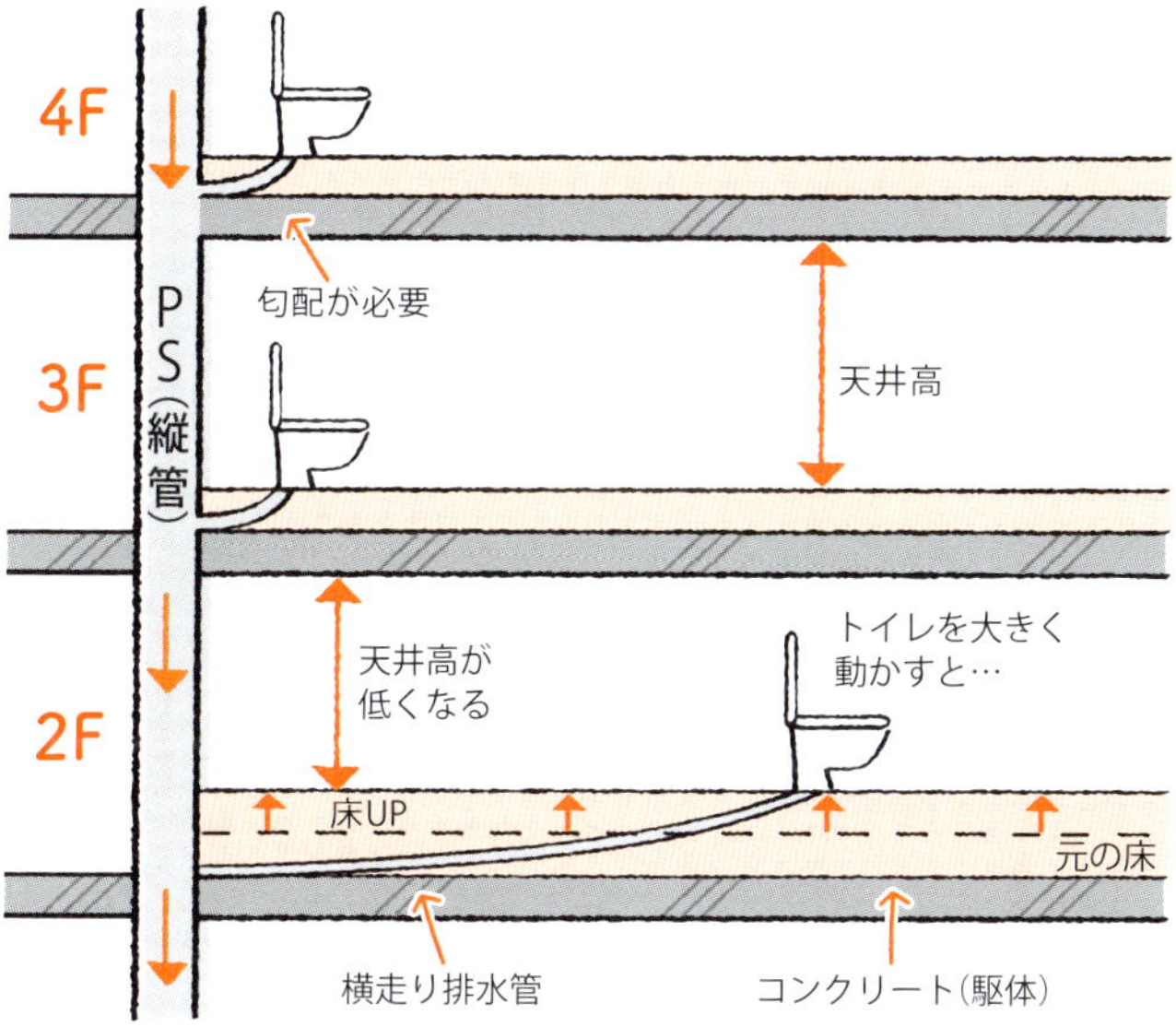

しょうか。

伊豆などリゾート地のマンションでは、海の見える窓側にお風呂を設置したマンションが売られていますが、あれは最初からそう設計されているから可能なのであって、あとからあんな場所にお風呂を移動するのはとても大変なのです。

直床だとさらに大変

しかも私のマンションは直床《じかゆか》といって、床のコンクリートの上に直接フローリングが貼ってありました。直床にすると新築マンションを売る際に天井高を大きく表記できるし、床を組むコストも削減できます。

でも直床では、床下に横走り排水管を通すための空間がありません。このため我が家では、トイレやお風呂など水回りの部分

写真4　お風呂や洗面所など水回りの部分のみ躯体が一段下がっています。

のみコンクリート床に段差が設けられていました（**写真4**。低い部分をピットと呼びます）。

こういう構造の場合、水回り設備をピットの外に移そうとすると、床を上げることに加え、玄関などに従来は存在しなかった段差が出現します（**図表3**）。このため私も当初考えていた間取りを諦め、できるかぎり水回りを動かさないプランに変更しました。

でも自分のマンションがそんな構造になっているなんて、20年住んでいても知る機会はありませんでした。リノベを始め、専門家と話して初めて知った制約だったのです。

マンションの構造はいろいろですし、設計の工夫もさまざまに可能です。でも「スケルトンにしてリノベすればなんでもできる」というのは「お金をかければ」「天井が低くなってもよければ」「玄関に今までになかった

［図表３］　直床・ピットの場合の水回りの移動

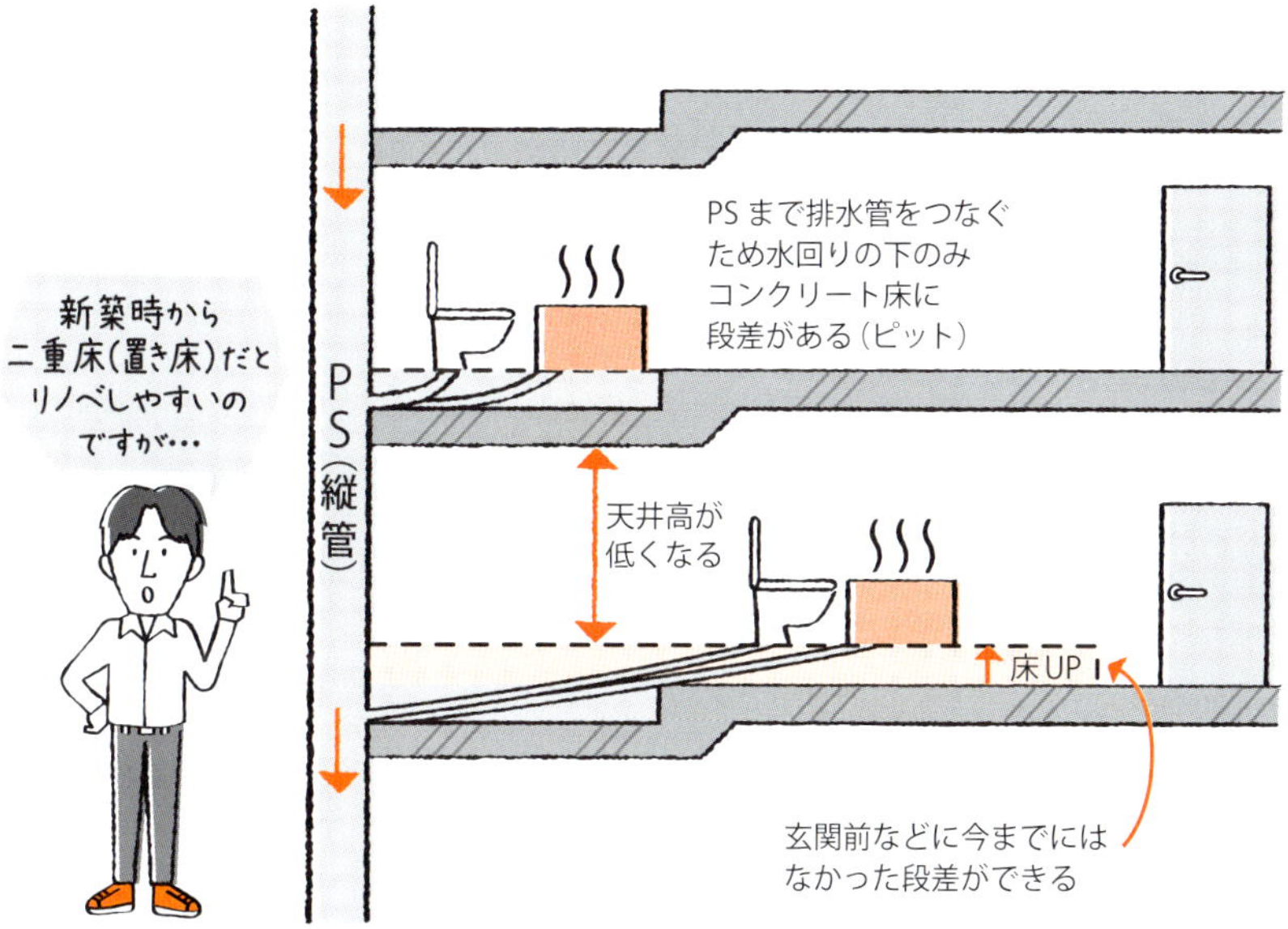

段差が出現してもよければ」できる、と理解すべきことなのです。

構造を支える梁と壁は壊せない

もう1つ動かしたりなくしたりできないのが、建物全体を支えている柱や梁《はり》、もしくは壁です。マンションは、大きく分ければ「柱と梁で支えられている」か「床と壁で支えられている」かのいずれかです。

前者の場合、梁（＝構造維持のための梁）を削ったり、なくしたりすることはできません。そのかわり、屋内の壁はすべて解体・撤去できます。極端な話、全体をワンルームにすることも可能です。

一方、床と壁で構造を支えている場

合、構造を支える壁は壊せません。このため隣り合った2部屋を1部屋にするといった間取りの変更さえ不可能な場合があります。

天井に張り出した大きな梁は圧迫感があり、リノベのことを考えないなら壁で構造を支える（梁のない）マンションのほうがよさそうですが、いざリノベをするとなれば、梁で支えているほうが間取り変更の制約は少なくなります。

なお、梁のように見えていても実は構造を支えるコンクリートの梁ではなく、ダクトや電気配線、給水管を通すための空間を確保しているだけという場合もあります（これを「ふかしてある」と言います）。後述するように、この部分は設計の工夫により小さくすることができます。

「削ったりなくしたりできない」のは建物を支えている柱や梁のみです。これは壁も同じで、すべての壁が構造壁なわけではありません。当然、そうでない壁はリノベで撤去できます。

いずれにせよ理解しておくべきは、**「マンションは、リノベのしやすさなどほとんど考えずに建てられている」**ということです。新築マンションを売るときに「このマンションは、リノベしやすい構造ですよ。20年後にそのよさがわかりますよ」などと言っても、客は反応しません。20年後のメリットなんて考える余裕も必要もないからです。

さらに、40年以上前のマンションや団地ともなれば、リノベなんてまったく想定せずに建ててあります。これは手抜きでもなんでもなく、そういう時代だったということです。そうなると、梁や壁以外でも変更できない点が出てきます。それらを事前に素人が把握するのは（たとえそこに長く住んでいたとしても）とてもむずかしいのです。

プロでも壊すまでわからないことがある

素人にはわからなくても、「リノベのプロが図面と現地を見ればすべてわかるのでは？」と思いがちですが、そうでさえありません。実は彼らにとっても「壊してみるまでわからないこと」があるんです。これには私もびっくりしました。

マンションの施工記録であるはずの設計図は「竣工図」とか「建築（設計）図書」と呼ばれ、通常は管理組合室で保管されています。ところが**この図面と現状にズレがあるのは珍しいことではありません**。というのも、新築工事中に現場の事情で設計図とは異なる施工がおこなわれ、その情報が設計士に届いていないなど、当初の図面がきちんと更新されていない場合も多々あるからです。

また、電気配線から配管の通り道まで詳細な図面が残っている場合もあれば、構造など重要な図面しか存在しないこともあります。それどころか古いマンションになると、**図面自体が（紛失などで）残っていない場合もある**のです。

うちのマンションはそこそこちゃんとした図面が残っていました。それでも私の「こういう設備をつけたい」とか「このサイズのユニットバスを」といった要望は、「壁や床を壊してみるまで、できるかどうかわからない」と言われました。

あれこれ迷った挙げ句にキッチンやユニットバスを選び、床材や壁紙、スイッチの色まで決め、契約書に判子を押して数百万円を払ったあとでも、「工事を始めるまで、図面通り施工できるかどうかわからない」と言われるなんて信じがたく思えますが、それが現実です。

私は数社に見積もりやプランを出してもらい、そのなかから1社を選んで契約しました。その会社に「御社にお願いすることにしました」と連絡したら、「ありがとうございます。これから思い通りにいかないこともあると思いますが、あらためてよろしくお願いします」というメールが返ってきて、ちょっと固まりました。工事が始まる直前にも「解体後に予定通りの施工ができるか……緊張します」というメールが送られてきて、「かんべんしてよ」と脳内でつぶやきました。

プロ側が「できます」と言ったことが「やっぱりできませんでした」では顧客を怒らせてしまいます。反対に「できるかどうかわからない」と言っておけば、できたときに一緒に喜べるわけですから、確実でないことは「できないかも」と伝えておくのが誠実な態度なのでしょう。それでもそんなふうに言われたら、不安がつのります。

［写真5］ スケルトン状態で撮影した躯体

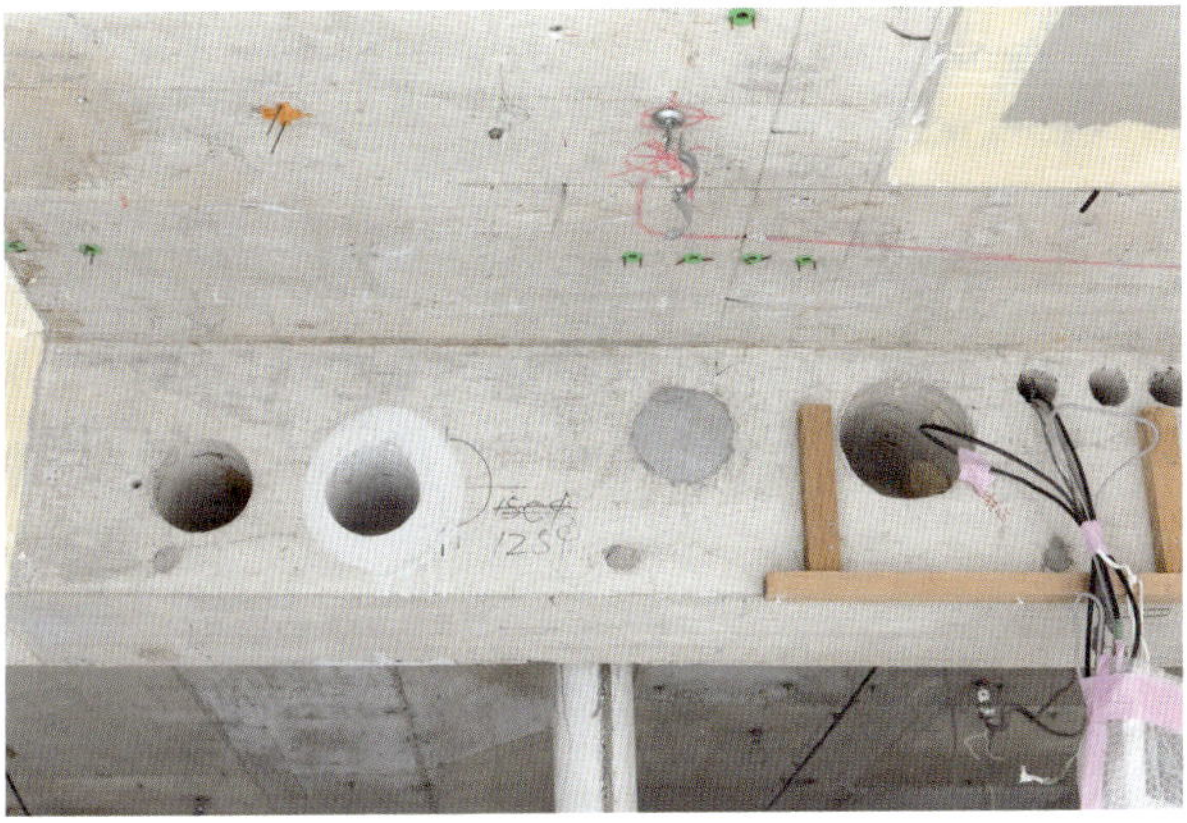

写真5-a ダクトや配線、給水管などを通すため、躯体の梁に開けられた穴。共用部分なので勝手に新たな穴を開けることはできません。

左から3つ目、埋められた穴は新築時に「間違って開けてしまった穴」かも。梁にこんなことしちゃって強度は大丈夫なの!?

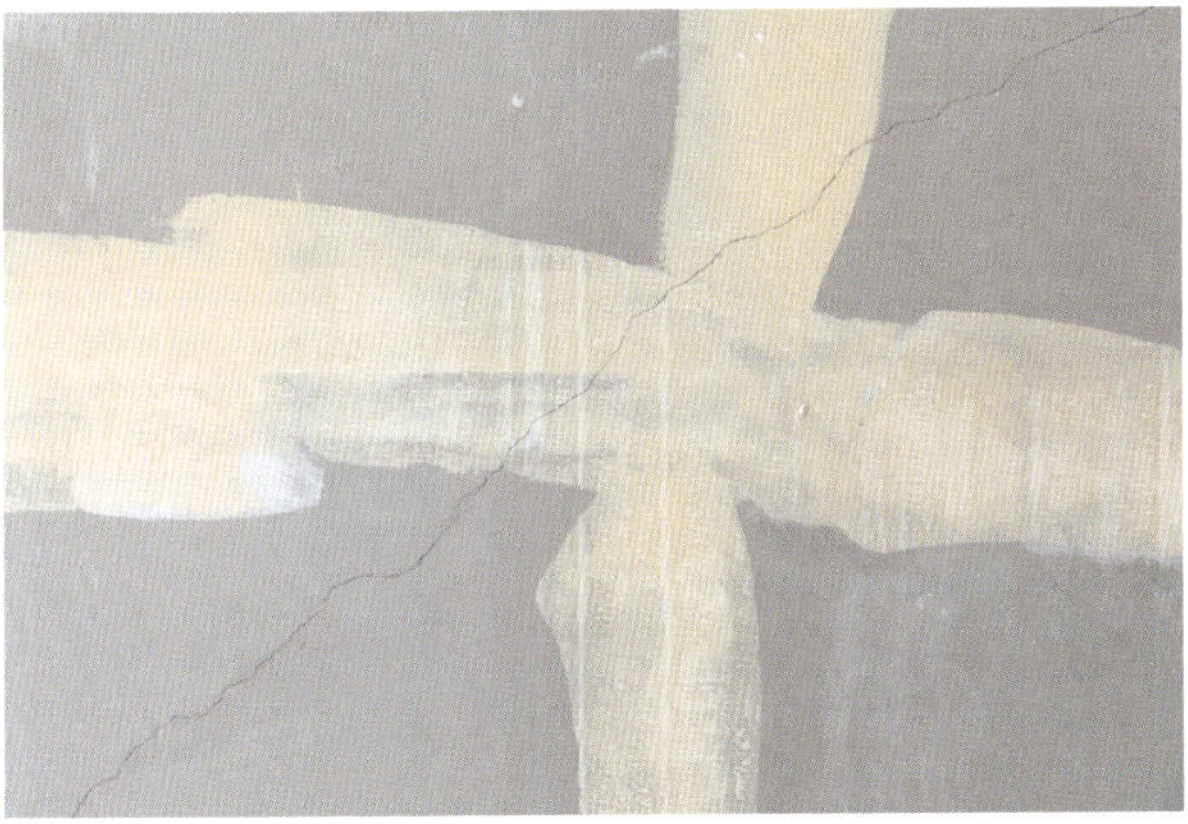

写真5-b 躯体コンクリートに斜めに走るヒビ(クラック)。
このレベルなら問題ありませんが、あまり大きなヒビが見つかると、壁の補修が必要になります。
※白い十字はパテなので、傷ではありません。

写真5-c 屋外から屋内に引き込まれたさまざまな線や管。
このように躯体を貫通している飛び込み口の位置やサイズも変えられません。
これらも、スケルトンにしてみて初めてわかることです。

もちろん専門家が現地と図面を見れば、大枠ではできること、できないことがわかります。図面がなくても経験的に「おそらくこうなっているはず」と推定してもらえることもあります。でも推定はあくまで推定です。

壊してみないとわからないもののなかには、**躯体《くたい》の傷み具合**も含まれます（**写真5-b**）。コンクリートの躯体に大きなクラック（ヒビ）が入っていたら、まずそれを（躯体は共用部分なので、管理組合に依頼して組合の費用で）直してもらわないとリノベ工事が続けられません。組合が機能していればいいですが、そうでないと余計な手間と時間が（時には費用も）かかってしまいます。

こうしたヒビは壁紙や石膏ボードの下に隠れているので、既存の壁や天井を壊してみるまでわかりません。原因も新築時の施工不良のほか、地震の影響などもあり、事前予測ができません。頻繁に起こることではありませんが、中古マンションのリノベではそういったリスクもあるのです。

リノベには近隣住民の同意が必要!?

マンションには住民全員で守る必要のある管理規約が存在します。このなかには、住居改修の際に守るべきルールも含まれています。内容はマンションによって異なりますが、大きく分けると次のような制約がありえます。

- **防音のため使用する床材が制限される**
- **近隣住民から工事への同意書を取るよう求められる**
- **工事をおこなってもよい日や時間が指定されている**

マンションは音が下に響きやすいため、床材の防音性能に条件を設けていたり、カーペットからフローリングへの変更には階下住民の同意が必要という規約があったりするのですが、なんと私のマンションでは、リノベするなら新築時に張られている床材よりはるかに防音性能の高い床材を使うよう求められていました。つまりリノベをすれば（新築の部屋のまま住み続けるより、階下の人にとっての）防音性能が高くなるのです。

これは新築マンションを販売した会社の関連会社（管理を請け負う会社）が作成した、当初からの規約条項です。規約を厳しめに作っておくことで、リノベによるトラブルの発生を抑えるのが目的だと思いますが、「リノベをしたら、リノベ前と同じ床材が使えなくなる」なんて驚きです。

また、リノベ時には管理組合に工事申請書の提出が必要になるほか、**近隣住民から書面で同意書をもらう**よう定めているマンションもあります。近隣住民の範囲も、上下左右4戸の場合もあれば、斜めの位置も含めた8戸という場合もあります。

さらにこういった申請書や同意書の提出期限は、工事開始日の○週間前までなどと決められているので、同意書が戻ってこないと工事の予定がたてられません。

同意書のサンプルを**図表4**に載せましたが、なんだか怖い文面ですよね。都心住まいの人の多くは、近隣とのつきあいがほとんどありません。私も長く住んでいるのに、ご近所さんの大半と面識がありませんでした。

今回、同意書が必要と知っていちばんほっとしたのは「大きなトラブルを抱えていなくてよかった」ということです。とはいえよほどのことがないかぎり、他人のリノベに絶対反対などという人はいません。そんなことをしたら、自分がリノベをするときにハンコがもらえなくなります。なので、問題になるとしたら工事をおこなう期間の騒音です。

たとえばお受験の時期に工事をおこなう場合、子供の合格のためならなんでもやるという親御さんから「工事は受験が終わってから始めてほしい」といった（無茶な）要望も出されかねません。病人がいるなど、一日中在宅の家庭では、音が気になる人もいるでしょう。基本「平日昼間はずっと仕事で留守」という人が多いマンションほど話がスムーズです。

［図表4］ リフォーム同意書サンプル

※実在するマンションの同意書ではありません。

○○○○年　○○月　○○日

○○○○マンション管理組合御中

専有部分の改修工事についての近隣同意書

工事住居	○○○号室
工事申請者	ちきりん（上記住居　区分所有者）　㊞
工事期間	○○○○年○○月○○日～○○○○年○○月○○日
工事内容	解体工事、木工事、フローリング張りかえ、給湯器交換、住宅設備（UB、キッチン、トイレ）交換、内装仕上げ等
工事担当会社	（株）○○リフォーム
工事担当者	リノベ太郎　（連絡先　電話　03-12□△-45□△）　㊞

私（○○○号室　区分所有者）は下記を条件として、上記の改修工事に同意いたします。

〈同意条件〉

1．施工にあたっては、専有部分改修工事細目を遵守すること

2．フローリング施工を希望する場合は、（財）日本建築総合試験所の床衝撃レベル遮音等級LL40同等以上の製品を使用し、必要に応じ、事前に試験成績表を管理組合まで提出すること

3．工事期間中、騒音その他でトラブルが発生した際は、申請者の責任と負担において責任をもって解決すること

4．工事終了後であっても、施工内容が申請内容、ならびに管理規約の改修工事細目に反するものであることが判明した場合は、原状回復を行うこと

5．区分所有者以外が居住する住居については、別途、工事期間中の居住者からの同意書も提出すること

○○○○年　○○月　○○日

○○○号室　区分所有者　氏名　　　㊞

よき隣人に豹変した私

　近隣からの同意書が必要と知った私は、それ以降、マンション内で会う人にものすごく積極的に（しかも笑顔で！）挨拶するようになりました。突然「こんにちは！」「暑いですね！」など、大声で挨拶された方も驚いたでしょう。我ながらゲンキンなものです。とはいえ、実は今もそれは続いています。縁あって同じ集合住宅に住んだ「同じ船の乗員」なのだから、よい関係をつくっておいて損なことなどありません。

　リノベ会社の担当者からは「不在がちな方や質問の多い方がいらっしゃると、期日までに同意書をそろえるのが大変」と言われ心配しましたが、実際にはとてもスムーズに同意していただくことができました。

　共働きなど多忙な人が多そうだったので、まずはポストに「同意書をお願いしたい旨」を記した挨拶文を入れました。希望される方にはアポをとってご説明にうかがいますと書いたところ、数日で大半の同意書がもどってきました。

　いきなり土日に訪れ、その場でサインをもらう場合もあるようですが、私は「生産性を上げよう！」という主旨の本まで書いていたので、在宅かどうかわからないお宅をピンポンして歩くなんてありえない……と思い、アポをとる方式を（リノベ会社に）提案し、自分で挨拶文も作りました。

ご近所さんに挨拶しよう！

自分が住んでいるマンションをリノベする場合とは異なり、中古マンションを購入してリノベをすませてから入居というケースでは、リノベ会社の担当者だけで挨拶にまわる場合もあるようです。

たしかにまだ住んでいないマンションを何度も訪れるのは時間的にも大変で、リノベ会社に任せてしまいたくなる気持ちはわかります。でも今回の経験からいえば、その場合もできるかぎり同行すべきだと思います。

だってリノベ後にそのマンションに住むのは、リノベ会社の担当者ではなく自分です。しかもリノベをすれば、数年ではなくかなりの長期間、住み続けることになる家です。近隣住民の顔を見て挨拶を交わしておけば、その後の不安も減るでしょう。たとえ隣人が少々変わった人であっても、そのことを事前に理解しておいて損はありません。

私もリノベ会社の担当者と一緒に回りましたが、担当者の目的は「同意書にハンコをもらうこと」だけなので、最短で話を終わらせようとします。でも私にとっては長年住んでいながら話す機会もなかったご近所さんの人となりを知る貴重な機会でもあったので、同意書をもらって1分で終わりにするより、5分でもたわいもない雑談をし、顔見知りになっておくのも重要なことと思えました。

マンションは集合経営住宅で、災害の際には集団全体の問題解決能力が生活の質に直結します。住民同士がよい関係を保ててこそ快適に生活でき、資産価値も維持できるのですから、リノベの同意書くらいもらえないようでは安心して住んでいられません。

結果として私は今でも「誰かとすれ違うたびに笑顔で挨拶する明るい人」のままだし、（10年前は真夜中に帰宅するだけの疲れきった会社員、その後は平日昼間からブラブラしている無愛想で不審なフリーランスワーカーだったのに！）「これからもご近所さんとは仲良くしよう」と、とても前向きになれました。今では「リノベに近隣住民の同意書が必要でよかった！」と思えているほどです。

リノベのポイント

4 リノベするなら理解しておくべき大切なことが3つあります。その1つが、「スケルトン・リノベでもできないことはたくさんある」ということです。

5 特に水回りの位置変更には制約が多く、なかでもトイレの場所を大きく変えるのはとてもむずかしいです。

6 マンションリノベでは、防音のため床材の選択肢に制限がかかる場合や、工事申請書に加えて近隣住民からの同意書が必要になる場合もあります。提出期限も含め詳細は管理規約に書いてあるので、早めに確認しましょう。

第3章

リノベは客と業者の共同プロジェクト

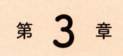

リノベを始める前に理解しておくべきことの2つ目、それは「リノベは共同プロジェクト」だということです。これはリノベ以外の生活でも役立つ重要なコンセプトだと思います。

等価値交換vs.共同プロジェクト

世の中の取引には、売り手と買い手が**「等価な価値を交換する取引」**と**「両者で共に創出した価値を分け合う共同プロジェクト型の取引」**があります。

日常的なお買い物の大半は前者です。500円のお弁当と500円分の現金を交換する。3000円のセーターと3000円の電子マネーを交換する。いずれも等価値である2つのものを、売り手と買い手が交換しています。

それにたいして、売り手と買い手が共同して価値を生み出し、生み出された価値を両者で分け合うという取引があります。典型的なのは医療です。

医者は専門知識や技術の提供者であり「稼ぐ人」です。一方の患者は、病気やケガを治すため、医者にお金を払います。しかしそれは患者が「健康をください」と言ってお金を払い、医者が「はい、2万円です」といって健康を渡すような、等価値交換型の取引ではありません。

患者は自分の体の状況をコト細かに説明し、医者は問診をしたり検査をして病状を判断、薬を出したり手術をしたりします。しかし「医者は専門家なのだから、患者が情報提供をしなくても病状を理解できるはずだ」などと言って、自分の生活習慣や症状を正直に話さなければ、医者であっても正しい診断はできません。

もちろん、処方された薬を飲まない、食事制限を守らない、もしくは手術後に指定されたリハビリをおこなわないといった態度をとれば、いくら大金を払っても健康は取り戻せません。医療というのは医者と患者が共通の目標に向かって共に努力して価値を生み出し、その価値を医者は収入ややりがい、名声や経験値として、患者は健康として分け合う共同プロジェクト型の取引なのです。

スポーツジムや英会話学校に通うのも同じです。「英検1級の英語力ください」「20万円になります」みたいな、等価値交換型の取引ではありません。「20万円も払ったのにまったく話せるようにならなかった」と文句を言う人はそれが理解できていないのです。

このコンセプトについては、ごく自然に理解できる人と、なかなか理解できない人がいます。前者の多くは、自分自身も共同プロジェクト型の仕事をしている人です。

たとえば私は以前、マーケティングコンサルタントとして働いていました。顧客の売上をいかに上げるか、ブランド価値をいかに高めるかといったアドバイスをする仕事です。

こういった仕事で高い成果を出すには、コンサルタントと顧客の双方が情報と知恵を出し合い、共に試行錯誤することが不可欠です。

ところがそれを理解できず、「大金を払ったのだから、ちゃんと価値を提供してくれ。オレはしっかり見張っているから」といって腕組みをし、まったく協力しない客もいます。

顧客側がこういう態度では、どんな優秀なコンサルタントも価値を生み出すことはできません。にもかかわらず「あいつは大金だけ巻き上げて、まったく価値を生み出せない」などと吹聴し始めるため、最近は優秀なコンサルタントの多くが、こうした顧客からの依頼を受けなくなってしまいました。

なぜこんなことが起こるのでしょう？　それは自分がやっているビジネスが等価値交換型の場合、共同プロジェクト型の取引について理解するのがとてもむずかしいからです。たとえば顧客の勤める会社が自動車メーカーだったとしましょう。

彼らは車の対価（代金）を受けとる際、常に「完璧な自動車」を顧客に提供します。指定された色、オプション、納期、さらには、期待通りの乗り心地や操作性、メカの安定性や安全性。それらはすべてメーカー側が単独で責任を負って提供すべきものであり、買い手の協力が必要になったりはしません。客が提供すべきはお金だけなのです。

こういう会社で働いていると、１０００万円ものコンサルティング料を払いながら、自分たちも価値創造に協力しなければならないなんて、なんと甘えたことかと感じてしまいます。リノベの場合も同じで「大金を払わせておいて、なぜオレの協力なしにはうまくいかないなどと甘えたことを言うのか！　それでもプロなのか？」と感じるのでしょう。

自分自身が共同プロジェクト型の取引を生業としていると、リノベを始めたとたん「これも共同プロジェクト型の取引だ！」と直感的に理解できます。でも、今までの仕事がすべて等価値交換型であったという人や、働いたことがなく〝買い物〟という等価値交換型の取引しか知らない人の場合、リノベも当然、そういう取引だと思い込んでしまいます。

そして「お金はいくらでも払うから完璧な家を作ってちょうだい」とか「大金を払っているのだから、オレの言うとおりやればいい」という態度に陥ってしまうのです。

問題は起こって当たり前

2つの取引には、もう1つ大きな違いがあります。等価値交換型の取引では、売り手と買い手はそれぞれ「完璧な価値」を相手に渡すよう求められるため、双方が義務を果たせば問題は発生しません。問題が起こった場合も、問題を発生させたほうが単独でそれを解決する義務を負います。

しかし**共同プロジェクト型取引では、「問題は起こって当たり前」で、「それをどう共に解**

決するかが重要」です。医者が処方した薬を指示通り飲んでも、すべての患者に同じ効果が表れたりはしません。人によっては副作用だけが出てくる場合もあるのです。

そんな時、「問題が発生しないようにするのがプロの仕事だろ！」とか「問題が起こったのはあいつがヤブ医者だからだ」と文句を言っても、問題は解決できません。「医者が飲めと言った薬を飲んだのに治らない！」と怒るより、すぐにでも医者と協力し、「次の手」を一緒に考えるべきなのです。

リノベの場合も、リノベ会社が「こういう問題が起こりまして……」と客に知らせると、いきなり「なんでそんな問題が起こるんだ！」と怒り出す人がいます。たしかに2つの取引の違いがわかっていなければ、そう思うかもしれません。でも病気の治療の場合と同様、リノベでも問題は必ず起こるし、それを解決するには双方の協力が不可欠です。ここを理解しないとリノベは成功しません。

業者側も言語化できていない

実はリノベ会社の人も、リノベが共同プロジェクトだということを言語化できていません。それを理解している客を「やりやすいお客さん」、理解しない客を「やりにくいお客さん」だと思っているだけです。

理想的には、リノベ会社が最初に顧客を教育すればいいのです。「リノベは共同プロジェクトです。よい結果を生み出すためには、お客様と私どもが一緒に進めていく必要がありま す。いろいろな問題が起こりますが、その際もぜひご協力を」と説明すれば、理解できる客 もいるでしょう。

でも、これもなかなかむずかしい。なぜなら最初の段階では多くの客が「どの会社にリノ べを依頼しようか」と比較検討しています。等価値交換型の取引しか知らない人が「問題は 起こるのが当然なので一緒に解決を」とか「リノベ成功のためには客側の貢献も必要」など と言われたら、どう思うでしょう?

すぐに理解してもらえる可能性より、「なんてプロ意識のない会社だ」と憤慨され、選ん でもらえなくなる可能性のほうが高いでしょう。そんなリスクをとってまで、こんなややこ しい話をするメリットはないのです。

そして私がこの本を書いた理由の1つがそこにあります。**リノベ会社のスタッフの方は、 自分で言いにくいならぜひこの本をお客さんに勧めてください。**顧客が最初に「リノベはリ ノベ会社と自分の共同プロジェクトなんだ」「いろいろな問題が起こるのは当たり前で、自 分もその解決に協力する必要があるんだ」と理解してくれたら、仕事は一気にやりやすくな るはずです。

ざっくり見積もって、世の中の労働者のうち「共同プロジェクト型の取引」に従事してい るのはせいぜい2割です。日本はメーカーが多いので、多くの人は「完璧な商品を提供するのが売り手側の責務」だと信じて疑いません。

そういう人はほかの分野でも「通うだけで英語がうまくなる英会話学校」を転々とし、「金を払えば必ず病気を治してくれる医者」を探してドクターショッピング（主治医が信じられず、次々と医者を変えること）に陥ってしまったりします。

人生の早いうちに、（自分の仕事のタイプがどちらであれ）世の中には等価値交換型の取引に加え、売り手と買い手が協力し、一緒に価値を生み出して分け合う共同プロジェクト型の取引が存在するのだと気づくことのメリットは、誰にとっても大きいはずなのです。

リノベは余裕のあるときに

「リノベは共同プロジェクト型の取引」という認識をひろげる妨げになっているのは、新築マンションやリノベずみマンションの購入が（共同プロジェクトではなく）等価値交換型の取引だからかもしれません。

実はリノベずみマンションを買うのと、自分でマンションを買ってリノベをするのは、この点からも大きく異なります。その昔、私は新築マンションを購入しましたが、そのときはとても中古マンションを買ってリノベしようとは思えませんでした。真夜中近くまで働き、海外出張も多かった当時の私には、仕事をしながら「共同プロジェクト」の一翼を担う時間や余裕がなかったからです。

だからリノベをするなら、それなりに余裕のあるタイミングでおこなうべきかもしれません。あまりに多忙だとどうしても「お金は払ってるんだから、そっちでなんとかして」と思ってしまいます。

反対に、時間を持てあましている人、たとえば定年して毎日がヒマでしょうがないといった人には、リノベは最適なプロジェクトです。後述しますが、今回の経験を通して私は、**リノベはいわゆる「親の家問題」の解決に役立つのではないか**と思うようになりました。

共同プロジェクト成功の鍵は　コミュニケーション

さて、リノベが顧客とリノベ担当者の共同プロジェクトだとすれば、もっとも大事なのは両者のコミュニケーションができるだけスムーズにおこなわれることです。

ところがこれが一筋縄ではいきません。というのも、自宅とは素の自分をもっとも自由に解放できる場所なのに、それをセキララに開示するには、リノベ会社の担当者はあまりに他人すぎるからです。

「私はトイレに入ってもドアを閉めません。友達もおらず誰も遊びにこないので、トイレにはドアをつけなくていいです」と初めて会った設計士に伝えるのは、けっこう男気がいりますよね（私の話ではありません。念のため）。

さまざまな顧客を知るリノベ担当者は、客の様子から「ここは踏み込んでほしくないんだな」と思えば、それ以上は入ってきません。なので、できるのは両者が「できるだけなんでも言える、言ってもらえる関係を築く」ことしかありません。

あるリノベ会社から「弊社では必ず男女ペアで担当します」と言われたとき、最初はその理由がわかりませんでした。でも今ならよくわかります。女性にも男性にも、異性には言いにくいことがあるからでしょう。また客側が夫婦だと、お互いへの不満や要望までリノベ会社の担当者を介して伝えたり、話し合ったりということが起こります。

そういう際にも両方の意見をバランスよく吸い上げ、同性だから聞き出せる本音を探るなど、「できるだけ顧客がなんでも言いやすいよう＝リノベでよい結果を出すため」、工夫しているのだと思いました。

お金に関する見栄を張らない

お金に関しても同じです。世の中には聞いてもいないのに「オレには金がある！」と言いたがる人もいれば、それなりのお金をもっているのに、「金はない」とうそぶく人もいます。

リノベ担当者が、平米4万円と2万円の床材サンプルを見せ、どちらがよいか聞いてきたとしましょう。安いほうが気に入ったのに「そっちを選ぶと、金持ちなのにケチだと思われるのでは？」と迷う人もいれば、「2万円でも高い！　もっと安いのでいい」と感じたのに、そう言い出せない人もいます。

もっとも不毛なのは、お金が理由なのにほかの理由を口にすることです。「それは高すぎる！」と言えないがために別の理由で「ダメ」と伝えてしまうと、担当者はその（ウソの）理由を解決する方法を考えようとします。これではお互いに無駄な時間を使うだけです。

この点に関する私のお勧めは、**リノベを擬似的な仕事だと考えること**です。仕事なら「この仕事の予算は500万円です」というのは、自分が金持ちか貧乏か、ケチかどうかには関係ありません。「予算以内に収めるのが自分の仕事」と割り切れば、高ければ高いと躊躇なく言えるようになります。

リノベは客と業者の共同プロジェクトなので、予算内で最高の成果をあげるにはどうすればよいのか、それぞれ知恵を出し合えばいいのです。

「自分を見せられる担当者」を選ぼう

自宅リノベの場合、リノベ会社の担当者が家まで現地調査にやってきます。その際、彼らはすべての部屋やクロゼットの中を（もちろん施主の許可を得て）撮影していきます。

私は下着を収納している引き出しに次頁のようなイラストを描いて貼っていたのですが、

こんなものを何社もの会社が写真に収めて帰ったのかと思うとクラクラします。

もちろん彼らもプロだし客商売なので、どんなに驚くようなモノを見ても、あからさまにコメントすることはありません。撮影された写真が流出したと聞いたこともありません（このご時世、そんな事件が1つでも起これば商売が成り立たないでしょう）。

でも、「初めて会う人にすべて見られるし、すべて知られる」のが自宅リノベーションです。反対にいえば、生活のすべてを開示するからこそ、自分の生活にベストフィットするプランを考えてもらえるのだともいえます。

持っている本、集めているコレクション、洋服の量、料理をしているか、かたづけが得意か、捨てられない性格か、などのほか、ベッドのタイプや位置など、家族との関係や交

友関係を想像させるあらゆる場所を他人に見られてしまう。頭で考えると、「それはちょっと……」とも思うけれど、だからこそ自分にあった家を提案してもらえるのです。

住んでいる場所とは別に中古マンションを買い、そこをリノベしてもらう場合、設計士が現地調査に行くのは施主がまだ住んでいないマンションです。この場合、打合せをリノベ会社のオフィスでおこなえばプライバシーは守られます。

でもそれでは、設計士にリアルな生活ぶりを理解してもらうことができません。だからその場合でもあえて何度かは自宅に来てもらい、今まさに住んでいる部屋を見てもらいつつ打合せをしたほうがいいんじゃないでしょうか。

そう考えてみれば、リノベ会社を選ぶときのポイントも浮かび上がります。それは、自分はこの担当者にどこまで見栄を張らず、恥ずかしがらず、自分の望む生活スタイルや予算を伝えられるか。話しやすいと思えるか、ということです。すごく優秀で頼りになりそうだけど、バカなことを言ったら笑われそう――そんな人に自宅のリノベを頼むと、共同プロジェクトはうまく進みません。

今回、途中でそう気づいた私は、できるかぎり率直に自分の希望を伝えることにしました。「テレビが大好きだから、あらゆる場所から見られるようにしたい」「トイレはベッドから近く」「マメなお手入れや掃除は苦手」――勇気をだしてこれらを伝えたことは「圧倒的に暮らしやすい部屋」を手に入れるため、とても役立ったと思います。

他人の意見を聞きすぎて考えをぶらさないこと

もう1つ、実体験を通して学んだことがあります。私には一級建築士とインテリアコーディネーターの資格を持ち、自ら不動産会社を経営する友人がいます。その会社はリノベはやっていないのですが、参考のため途中で間取り案を見せ、意見を聞いてみたところ、次のようなメールが返ってきました。

「第一印象として、水回りとエントランスに半分以上のスペースがとられていて、リビングと寝室のスペースにしわ寄せがきてるなあ。せっかく大金を投じてリノベーションするなら、もうちょっと考えてもらってもいいような気がします。

（中略）

自分なら玄関ホールのある3分の1くらいのラインに浴室とトイレを納めて、大きなアイランド型の特注のキッチンをつくってもらうかな。ちきりんはよく料理をするから、このプランのキッチンだと圧迫感があるのでは？　壁を見ながら料理するより、開けた景色を見ながらするほうがリラックスできるよ」

以上、まとめれば「大金を投じて、なんでこんな変な間取りにするの？」という意見だったので、思わず笑ってしまいました。というのも友人が勧める間取りは、そのまんまこの友人宅の間取りだったからです。

大きな窓に面したリビングにはアイランドキッチンが設置され、開放感にあふれています。一方、玄関やトイレ、洗面室はごく一般的なコンパクトな造り。社交的な友人は「自分が今住んでいるような間取りこそ、ベストなはず」と考えたのでしょう。

でも私はホームパーティなんてしません。むしろ引きこもりで、カウチソファの上でゴロゴロして過ごすため、ほしいのはソファの近くに必要なものがすべてそろったリビングです。一方、強いフラストレーションを感じていたのは狭い玄関や、ドアを閉めると圧迫感さえ感じるトイレでした。

友人の案のほうが、一般的に好まれる間取りだということはわかります。でも私が手に入れたいのは、自分の生活に完全にフィットしたオリジナルの家でした。そう思ったので、友人には角が立たないようアドバイスのお礼だけ伝えました。

ところが、ここからがおもしろかったのです。私はこのやりとりを担当の設計士に伝えました。「こんなに仲のいい友人でも、理想の部屋については意見がまったく違ってびっくりしました～」と言いたかっただけなのですが、設計士の方は「あちゃー！」という感じで青くなって話を聞いていらっしゃいました。
そして最後になってようやく「本当にほっとしました」と安堵されたのです。これはいったいどういうことでしょう?

彼に言わせると、こういった「知り合いの専門家」にアドバイスを求めるお客さんはたくさんいるそうです。専門家以外でも(今リノベをしていると話すと)リノベ経験のある友人から親戚のおじちゃんまで、あれこれアドバイスしてくれる人が現れます。

そして、そういった人の意見を聞いて施主の意見がブレ始めると、収拾がつかなくなります。

間取りにしろ内装デザインにしろ算数ではないので、正しい答えが1つあるわけではありません。だれかが書いた設計図に意見を言えといわれたら、それなりの経験の

この頃はまだ「リノベは共同プロジェクト。この人こそプロジェクトのパートナー」と自覚できていませんでした。

ある人ならいくらでも意見が言えるでしょう。でも彼らは現地を見たり、予算の詳細まで把握しているわけではありません。

これは前述した、医者と患者の関係と同じです。セカンドオピニオンをとることは大事ですが、詳細なカルテも見ず、治療全体に責任も負っていないほかの医師に意見を聞き、「知り合いの医者にこう言われたので薬を変えてほしい」などと主治医に言い出しては、信頼関係が壊れてしまいます。

リノベを始めると、周りの「詳しい人」にいろいろ意見を聞きたくなります。でも、もっとも大事なのは共同プロジェクトを一緒に進める担当者との関係です。

見積書に関しても、ほかの人に見せれば「ここはもっと安くできるはず」などアドバイスしてくれる人が現れますが、現場も見ずに適切な見積もりなどできません。そんなコトを言って担当者とギクシャクしはじめたら、プロジェクトはうまく進みません。

私は今でも、深く考えもせず友人とのやりとりを伝え、担当の設計士さんをたとえ一瞬でも不安にさせてしまったことを本当に申し訳なく思っています。

リノベのポイント

❼リノベ前に理解しておくべき大切なことの2つ目。それは「リノベは顧客とリノベ会社の担当者による共同プロジェクト」だということです。

❽共同プロジェクトでは「問題は起こって当たり前」で、その問題を客と担当者が協力して解決していくことになります。

❾リノベ会社を選ぶときは、自分はこの担当者に何でも話せ、問題が起こっても協力して前向きに対処できそうか、と考えてみましょう。

❿リノベ会社の方はぜひこの本をお客様に勧めてください。そうすれば共同プロジェクトはずっと進めやすくなるはずです。

第4章

予算もスケジュールも自分次第

リノベを始める前に理解しておくべきことの3つ目は、予算やスケジュールはリノベ会社が決めるものではない、ということです。

実はリノベの相談に行くと、必ず「ご予算は？」と聞かれます。でも客としてこれほど当惑する質問もありません。そもそもどんな工事にいくらかかるか、わからないから相談に来たのです。まずは「こういうことをすれば○○円はかかります」とそっちが説明すべきだろうと思いますよね。

なんの説明もなしに予算を聞かれると値踏みされているようにも感じるし、「具体的な額を口にすれば、必要のない工事までおこなわれ、予算めいっぱいまで支払わされるのでは？」と不安になったりもします。いったいなぜ、リノベ会社はなにもわかっていない客に予算を聞くのでしょう？

リノベ会社が客に予算を聞くワケ

別の例で考えてみましょう。冬のコートを買いたいと思って、スタイリストやアパレルの専門家、もしくはデパートのコンシェルジュに「だいたいいくらくらいしますか？」と聞いてみたら？

ちょっと幅がありすぎて、返答のしようがないですよね。イタリアの一流ブランドのコートがほしいのか、日本の普通のブランド品を考えているのか、それともユニクロのコートでいいのか。まずは「どういうレベルの話をしているのか？」を聞かなければ、プロでも「コートのだいたいの値段」なんて答えられません。世の中には50万円のコートもあれば数千円のコートもあるからです。

そしてリノベというのも、それくらい価格差の大きなものなのです。ジャグジーやテレビつきの豪華バスルームを希望する人もいれば、小さなユニットバスでいいという人もいる世界では、「スケルトン・リノベはいくらかかるか」と聞かれても答えられません。床材ひとつとっても、平米数千円から数万円まで大きな幅があるのです。

だから客は「リノベの相場」を教えてほしいと思っているけれど、**リノベ会社側の考えは「予算を教えてくれれば、ご希望通りのリノベができるかどうかお答えします」**です。より良心的に考えれば、「予算を教えてくれれば、ご希望のリノベに近いものが実現できるよう、一生懸命考えます」でしょう。

とはいえ必ず聞かれる予算の額。わたしたちはこの質問に、どう答えるべきなのでしょう？

最初の選択肢は、金額ではなく、なにをしたいかを答えることです。物件の築年数や間取り図など物件情報を見せたうえで、

・スケルトン・リノベか否か
・床材や壁の素材にこだわりがあるか（あれば具体的に）
・お風呂やキッチンなど住宅設備に特別なリクエストがあるか（同右）

などを伝えれば、業者の頭の中には「松竹梅」のランク別にだいたいの費用額が浮かびます。ところが、それでも彼らは客に聞いてきます。「で、ご予算は？」

どの会社にも同じ額を伝えること

リノベ会社が客に予算を確認するもう1つの理由は、相見積《あいみつ》もり（58頁参照）をとって複数業者を比べる顧客から選んでもらいやすくするためです。1000万円を出せる客に、自社は700万円のプランを提案、ほかのリノベ会社が1000万円の提案をすれば、自社の案は安っぽく見え、客に選んでもらえません。

反対に、700万円の予算の客に1000万円かかるプランを提案したら、「この会社は高すぎる！」と思われ、他社に客をとられてしまいます。だから受注確率を上げるためにも、客の予算を正確に知り、その額にあわせた提案をすることが重要なのです。

つまり「ご予算は？」という質問は、「あなたはいくら払えますか？」という質問ではなく「いくらの予算でプランをお作りしましょうか？」という質問なのです。だから７００万円のプランを出してほしければ「予算は７００万円です」と言えばいいし、１０００万円のプランを提案してほしければそう言えばいい。

私がもう一度このプロセスをやり直せるなら（やってもらえるかどうかはわかりませんが）、「７００万円と１０００万円、２つの予算でプランを出していただくことはできますか？」と聞いてみるでしょう。それを見比べるのが、いちばん「いくらでなにができるのか」を理解するのに役立ちそうだからです。

ただし、**複数業者に異なる予算を伝えるのはやめましょう**。Ａ社には予算１０００万円、Ｂ社には７００万円と伝えて２つのプランを比較するのは不可能です。後述しますが、会社によっては見積書の項目さえ異なるので、異なる予算額でプランを比べたいなら同じ会社の２案で比べないと意味がありません。

予算によって見られる世界が変わる

１０００万円くらい払えるのに「どうせあとから増えるから最初は少なめに言っておこう」とか「高価な設備ばかり売りつけられるのが心配だから」と少なめの予算を伝える人もいる

のですが、これにもリスクがあります。

というのも、リノベ会社は客の予算に合わせ「この客になにを見せるか」をコントロールしてくるからです。だから少なめの予算を伝えると、「すごくすてきだけど高価な資材や設備」は見せてもらえなくなります（＝提案されなくなります）。本当に予算が1000万円あるなら、そうなるのは残念なことですよね。

住宅設備を選ぶときも同じで、担当者は予算の少ない客を高価な商品ばかり扱っているメーカーのショールームに案内したりはしません。あとから「こんなにいい商品があるならこれくらいの価格は払ったのに！　なぜ教えてくれなかったの？」と思っても後の祭りです。

反対に、予算が大きな客に格安な商品をあれこれ勧める必要もありません。この場合も「こんなに安い商品があるなら、こっちでよかった」と思っても後の祭り。私も含め、「高くても手に入れたいものもあるけれど、100均商品でいいものもある」人にとっては、リノベの予算設定はとてもむずかしいと感じました。

解決方法の1つは、「こだわりのある部分とない部分」「譲れることと譲れないこと」をできるだけ具体的に伝えることで、そうすれば予算内でメリハリをつけやすくなります。換言すれば、**リノベ担当者に自分の価値観をどれほど正確に伝えられるかが、上手な予算管理のキモ**ともいえるのです。

平米単価の「ざっくり予算」

とはいえ「ざっくり、いくらくらいかかるの?」を知りたい方も多いと思うので、私の経験から得たリノベの相場を書いておきましょう（注：リノベしたのは2018年です）。

スケルトン・リノベで面積が60平米（㎡）くらいであれば、だいたいの目安は次のような感じです。

- 平米単価12万円……十分に住みやすくすてきな部屋にリノベ可能
- 平米単価16万円……右記＋いくつかのこだわりを実現可能
- 平米単価20万円……あれこれこだわりのリノベが可能

ただし床面積が狭くなれば平米単価は高くなります。マンション全体の面積が30平米でも90平米でも、トイレもお風呂もキッチンも1つしかいらないからです。

また、スケルトンではなく一部面積だけの工事の場合も平米単価は上がります。右記はあくまで「60平米くらいのマンションをスケルトンでリノベした場合」の目安です。

平米12万円と20万円では、総額は700万円強と1200万円。かなり違いますが、実はこれより安いリノベも、また反対に高いリノベも可能です。平米単価12万円とは「標準的なスケルトン・リノベが可能な額」なので、収納は一切作らない（あとから家具を買う）とか、賃貸アパート向けのミニキッチンをつける、一部は既存の設備をそのまま使うなどすれば、さらに安くできます。

一方、すべての部分にこだわれば平米単価20万円でも足りません。そして当たり前ですが、700万円のリノベと1200万円のリノベでは設備や内装のレベルがまったく異なります。その違いは巻末資料1で詳述しますが、結局のところ「700万円払って700万円のリノベをしたいか」それとも「1200万円払って1200万円のリノベをしたいか」は客側の判断なのです。

見積書の比較は不可能かつ無意味

リノベ専門誌には「必ず複数企業に見積もりを出してもらい、比較して決めるように」と書いてあります（これを「相《あい》見《みつ》積もりをとる」といいます）。しかしはっきりいえば、見積書の比較は不可能かつ無意味です。

リノベの費用は、最終的にどのシステムキッチンを選び、どんなオプションをつけるか、どの壁紙、どの床材をどこに使うか、といった品番レベルの詳細まで決まらないと計算できません。

それらが決まっていない段階での見積もりは、たくさんの仮定を置いたうえでの仮の額です。A社よりB社のほうが50万円安くても、単に1つグレードの低い資材を選んでいるだけかもしれないのです。

今回、4社から見積もりを出してもらいましたが、各社の見積書は項目名も異なるし、同じ項目でも含まれている工事の内容がバラバラでした。たとえば「仮設工事費」という項目は全社の見積書に出てきましたが、その額は2万6000円の会社もあれば6万円の会社もあり、いちばん高いところでは17万8000円でした。各社が「仮設工事」に含めている工事の内容が違うのです。

こういった集計基準をすべてそろえないかぎり見積もりの比較はできないし、しかもそれはほぼ不可能なので、**もらった見積書をエクセルに入力して比較するなんて労力の無駄**でしかありません。

とはいえごく小規模なリフォーム、たとえばユニットバスだけを取りかえる工事で、特定メーカーの商品を品番指定するような場合は、見積もり比較が有効です。

リフォームを勧めるチラシに「ユニットバス取りかえ。今なら工事費10万円！」と書かれていても、現地調査をしてもらうと「このマンションは複雑な構造だから、工事費は16万円になります」みたいな見積もりが出てきます。だからそういう場合は各社から見積もりを出してもらい、値段を比べたほうがいいでしょう。それくらいの工事なら見積書の項目が違っていても、質問して理解できます。

でもスケルトンのような大がかりなリノベでは、見積もり額はあくまで参考にしかなりません。私も複数社から見積もりをとりましたが、それは各社がどういう考え方をし、どういう説明をしてくれるか、リノベ会社選びの参考にするためであって、数字自体にはあまり意味を感じていませんでした。

そもそも各社から出てくる見積もり額はどこもほぼ同じです。なぜならみな最初に私の予算を聞いているので、その額に近いところでプランを作ってくるからです。もし私が２００万円少ない額を伝えていれば、各社その額に合わせて見積もりを出してきたでしょう。

つまり**リノベのコストを決めているのは客であって、リノベ会社ではないのです**。なのに「各社の見積もり額を比べてどこに依頼するか（その数字で）決める」なんて、ナンセンスでしかありません。

見積書の詳細にこだわるのは不毛

リノベの見積もり比較に関するアドバイスとして「○○工事一式○○万円」といった丼勘定の会社はダメだとよくいわれます。このためリノベ会社はどこも、ものすごく細かい見積書を出してきます。

でもそんな細かい資料を見ても、素人にはよく理解できません。1つ1つ「これはどんな工事か」と質問しても理解できないし、見たこともない資材の値段がわかっても、高いのか安いのか、判断できるはずもありません。

これはリノベ会社側も同じで、見積もりを細かくすることに意味があるとは（たぶん）彼らも思っていません。見積書は機械的に計算されるエクセルプログラムなので、たとえば照明を1つつける工事が単価3000円で6カ所なら1万8000円と書かれています。

しかし照明が3カ所ならその半額、12カ所なら倍かかるわけでもありません。工事を担当する職人さんの日当は原則1日単位、細かくても半日単位まででしょう。2時間で終わる作業だから8時間かかる作業の4分の1ですむわけではないのです。

塗装をする場合も、最初の養生や準備、最後のかたづけにかなりの時間がかかります。10平米塗るのに、20平米塗る場合の半分の時間ですむわけではありません。塗料の缶だって、半分しか使わなかったから半額とはなりません。残った塗料を他家のリノベに使えるわけではなく、むしろ廃棄料がかかって高くなるくらいです。
だから**見積書の詳細にこだわりすぎるのは意味がない**うえ、双方に無用な作業を発生させます。こっちでオマケしたらあっちで少し上乗せするといった調節も含め、信用して任せられないような会社に数百万円もの工事を発注しては（そもそも）いけないのです。

リノベ費用が膨れあがる
ショールームの罠

リノベのコストが高くなる原因はいくつかに分類できます。

【コストが高くなる主な要因】

① ハイグレードな資材や設備を選んだ場合
② 規格品を使わずオーダー（造作《ぞうさく》ともいいます）した場合
③ メーカーのショールームで見つけた特定商品を指定した場合
④ 作業時間が長くなる工事を依頼した場合

①と②は当然なので、ここでは③と④について説明します。

あまりに偏ったショールームの展示品

まだ個別相談を始める前、パナソニックやLIXILなど住宅設備メーカーのショールームをあちこちまわりました。これら大手メーカーは高級品から低価格品までラインアップが幅広く、システムキッチンなら30万円から200万円くらいまで、ユニットバスでも50万円から300万円以上と、そのグレードには大きな価格差があります。オーダー品ではなく規格品の中でさえ、それくらいの幅があるのです。

ところがショールームでは、展示品の半分以上が最高級ラインです。次に中価格帯の商品が4分の1、そして隅のほうにごく一部、低価格商品が並んでいます。パンフレットも最高級品に関しては目立つ場所にたくさん置いてあるのに、低価格品のパンフレットは受付でシリーズ名を言わないともらえなかったりします。このため**ショールームで商品を選ぶと、誰でもかなりの確率で「相当に高価格な商品」を選ぶことになります。**

メーカーの狙いは、ショールームで特定商品を気に入った客がリノベ会社に商品名を指定して注文してくれることです。リノベ会社も自分たちの利益は工事費用に比例するので、総工事費が（客の明確な希望により）高くなって損はありません。

ショールームで客がほれこみ、指定してくれるようなイチオシ商品は、定価が高いだけでなく値引率も低く、利益の大半を稼ぎ出す優良商品です。そしてショールームとは、そういう商品を客に指名買いさせるための場所なのです。

使用体験はお勧め

私もこの作戦にすっかりひっかかりました。西新宿にある東京ガスのショールームでは4社分のユニットバスに体験入浴できるのですが、ここで体験した打たせ湯やレインシャワーがあまりに気持ちよかったので、リノベ時にはそれをつけることにしました。この瞬間、数十万円のコストアップが確定です。

また、東京ガスが高層ビルの中にお風呂を作り、無料で体験させてくれるのは（電気式ではなく）ガス温水式ミストサウナ（正確にはミストサウナ機能付き浴室暖房乾燥機）の気持ちよさを伝えるためなのですが、私もその作戦（？）にはまり、体験直後には「絶対にガス温水式のミストサウナを！」と決意していました。これでさらに50万円以上のコストアップ……。

費用的には大変なことになりましたが、今では自宅のお風呂がスパ状態！となり大満足です。ただし東京ガスの思惑通り、リノベ後はガス使用量もしっかり増加しました。

ちなみにこのときの入浴体験では「カタログでは気持ちよさそうに見えたけど、使ってみたらイマイチだった」設備も多々ありました。体験入浴の価値としてはむしろ、そういう「がっかり設備」を高いお金を出して買わずにすんだことのほうが大きいのかもしれません。

これにかぎらず、私には高価な設備を体験もさせずに売るという商売自体が信じられません。小売業界ではネット販売への移行が進み、今後の店舗価値は「売ることではなく体験させること」になるといわれています。少なくとも10万円以上するものは早く「試してから購買判断ができる」ようになってほしいものです。

なおこのショールーム、リノベの予定がなくても入浴体験はできます。ただし、ほしくなってしまっても責任はとれませんので気をつけて！

「定価」と「値引率」

メーカーのショールームやカタログには住宅設備の定価が記載されていますが、この価格と実際の販売価格には大きな差があります。メーカーが卸を通じてリノベ会社に商品を販売するときの値段は、時には定価の半額以下だったりもするのです。

マンションのポストにはよく「ユニットバスを交換！　今なら工事費無料！」といったチラシが投げ込まれています。こんなことが可能になるのは、ものすごく値引率の高い商品を使っているからです。たとえば次のような場合、工事費を無料にしてもリフォーム会社には10万円の利益が出ます（注：数字はすべて例にすぎません）。

［例］　ユニットバス（ＵＢ）のカタログ定価　１００万円
　　顧客への請求額　（１００万円のＵＢを２割引きにして）80万円！

リフォーム会社の仕入れ単価　50万円
実際の工事経費　20万円
リフォーム会社の利益　80万円－50万円－20万円＝10万円

客は「UBの価格を2割引きにしてくれたうえ、工事費も無料だった！」と喜びますが、業者の利益はしっかり確保できています。

しかも値引率は商品によって大きく異なります。高級品や数の出ない商品の値引率は低く、よく出る中級品の値引率は高く設定されているため、客がショールームでメーカーイチオシの高級品を指名買いすると、「高い定価×低い値引率」となり、「安い定価×高い値引率」の商品と比べ、相当に割高な出費となります。

たとえばショールームで定価200万円と100万円のシステムキッチンを見て迷ったとしましょう。客はその価格差を100万円と計算しますが、実際にリノベ代として払う額の差はそれより大きくなる可能性が高いのです（注：数字はすべて例）。

［例］　ショールーム（カタログ）定価　200万円×値引率10％＝180万円
同　100万円×値引率40％＝60万円
カタログ定価の差＝100万円 vs. 実際の値段の差＝120万円

［図表５］　キッチンやユニットバスの価格表示

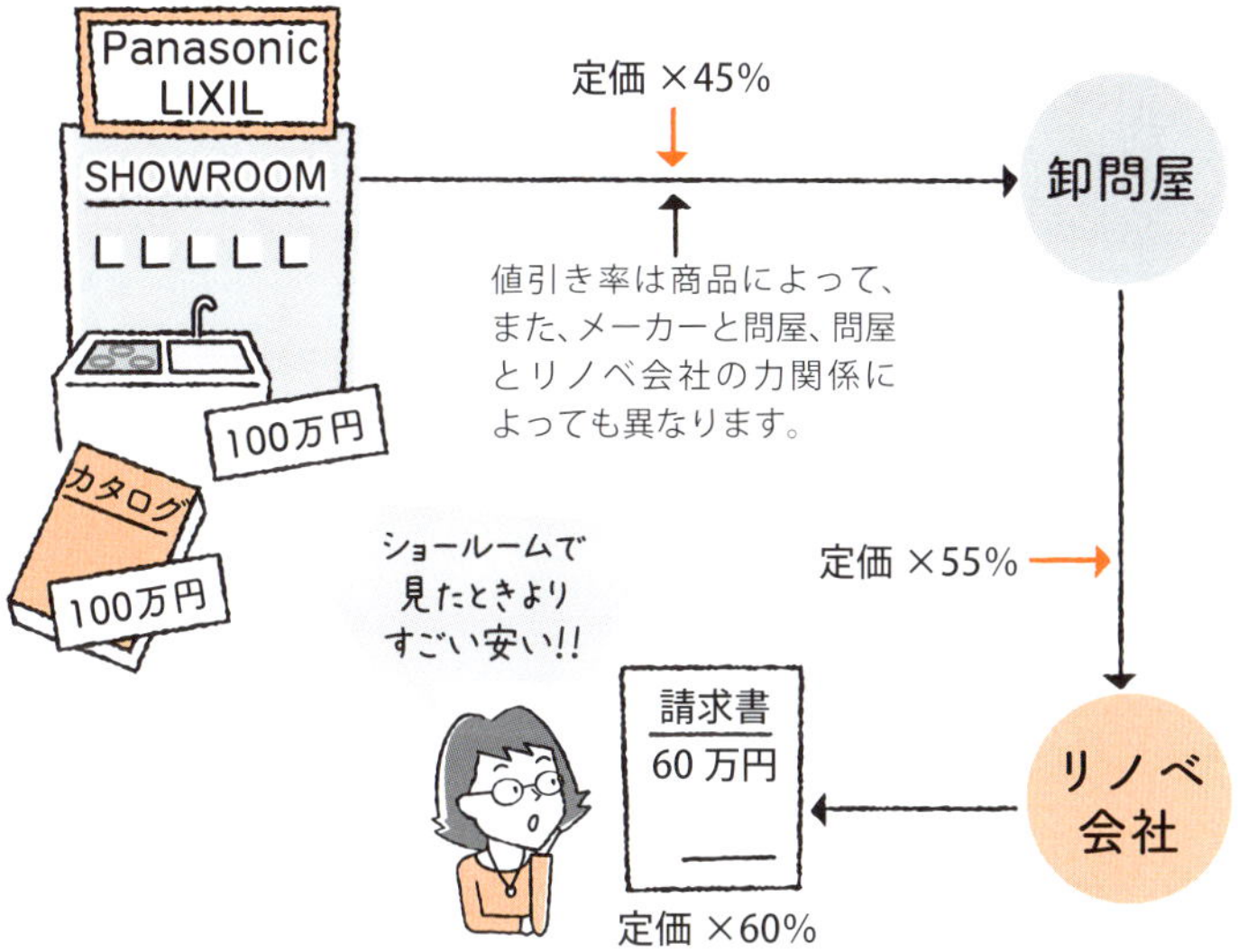

※掛率の数字は例です。

なお厳密にいえば、リノベ会社の仕入れ額と客が支払う額も同じではありません（図表５）。次の３つの価格はそれぞれ違うのです。

①　メーカーがショールームやカタログに表示している定価
②　リノベ会社が卸会社を通じて商品を仕入れる値段
③　客がリノベ会社に払う値段

値引率やリノベ会社の仕入れ価格を客が知ることはできませんが、ざっくりとした感触はリノベ会社から教えてもらえます。たとえば「その商品は値引率が低いので割高」とか、「この商品なら値引率が高いのでお勧め」といった具合です。

だからキッチンでもお風呂でも、特にこだ

わりがないならリノベ会社にチョイスを任せたほうが格安な商品が選べます。反対に**「ショールームで気に入った商品を指名買いする」と**（たとえ安い商品を選んだつもりでも）**割高になる可能性が高い**、ということは覚えておきましょう。

材料より「手間」が高い

一般の人がリノベ費用として思い浮かべるのはもっぱらキッチンやお風呂など設備の値段ですが、多くの場合、それより工事費のほうが高くなります。

たとえば我が家の場合、住宅設備や資材の購入費用が全体に占める割合は4割でした。1000万円かけてリノベをすれば、設備・資材の購入代金は400万円で、工事を含む「それ以外の費用」が600万円もかかるのです。

ユニットバスにしろシステムキッチンにしろ、設備の大半は工場で作られています。人件費の安い海外で作られたものも少なくありません。一方、工事費とは専門スキルをもち、日本に住む職人さんの作業代金です。

モノより人件費のほうが高いのは先進国の常であり、リノベにかぎったことではありません。しかも日本は究極の人手不足、高齢化で職人も減っており、工事や作業の費用は高くなりがちです。

たとえばシステムキッチンのユニットの中には、大きすぎて一般的なエレベーターには入らないものもあります。そうなると階段を使って運び上げるしかないため「1階あたりの搬送費が◯千円」などと設定されています。このため同じシステムキッチンを選んでも、10階の家と1階の家では搬送費だけで数万円も違ってきます。

床を張るのにかかる費用も複雑です。床材には、無垢の木（木の板そのもの）と天然木の突き板（木を薄くスライスしたものを、合板の上に貼ったもの。以下、突き板）。ほかにも「木の模様をプリントしたシート」が合板の上に貼ってあるものもあります。

無垢の木の価格は突き板の数倍以上だったりしますが、この価格に床面積を掛けても「床のリノベにかかる費用」は計算できません。

というのもマンションの多くは管理規約で床の防音性能に条件を設けています。このため床材の裏に遮音クッションがついたものを使う場合もあるのですが、無垢材は踏みごこちを維持しながら防音性能を確保するため床下に空間を設けて二重床にすることも多く、そのためには材料費や工事費が別途かかります。

加えて、無垢材のような自然素材は温度や湿度によって膨張したり収縮したりするため、張るのに突き板の何倍もの時間がかかるし、ヘリンボーン張りなど特殊な張り方（イラスト参照）では無駄な端材が大量に発生するため、床材を多めに購入する必要も出てきます。

そういった作業代や付随コストを含めると、平米1万円の突き板と平米4万円の無垢材の価格差は単純に4倍ではなく、それよりはるかに大きくなるのです。

私も今回、クロゼットの扉に輸入壁紙を貼るというアイデアに取り憑かれ、天井までの扉を造作してもらったあげく、収納扉代としてはありえないような金額を払うことになりました（収納ドアの写真は第11章、**写真25**）。

こういった造作代金については「なにをしたらいくらになるのか」、事前にはなかなかわかりません。というのも、職人さんもリノベ担当者も初めてというような特殊な依頼に関しては、どれだけの手間がかかるのか、やってみないとわからないし、作ってみたけど取りつけようとしたら合わなかった、ズレが

ヘリンボーンは
おしゃれですてき
だけど、コストも
かかります！

でた、といったトラブルも起こるからです。

できあがった収納扉はとてもすてきで満足していますが、あまりにもオリジナル過ぎ、眺めるたびに「よくこんなもん作ったよね」と自分でも呆れてしまいます。

このように、あちこちのショールームで大騒ぎして「あれもすてき！　これもすてき！」とはしゃいでいたら、費用はとめどなく膨れあがります。自分のアタマで考えすぎて、突拍子もない造作を思いついてしまった場合も同じです。読者のみなさんは私の教訓をもとに、そのあたりも（ほんの少し）気をつけてくださいませ。

見積もりより高くなる理由

「最終的な費用が、見積もり額や契約時金額より増えていた」というのもよく聞く話ですが、この要因はなんでしょう？

1つは前述したように、既存の壁や床をはずしてみないとわからないことがあるからです。解体して当初のプランどおりの施工が不可能だとわかれば、設計を変更するしかありません。そのために資材代や作業代が余計にかかることもあるでしょう。

もう1つは、工事に入ってから客側がリクエストを変える場合です。大規模なリノベは結婚式同様、「一生に一度の晴れの日出費」のため、どうしても太っ腹になりがちです。「やっぱりここも造作したい」「せっかくだから」「ついでに！」などと追加で注文を出せば、その分の費用が上乗せされます。

もし当初の予算をきちんと守りたいなら、追加出費が不可避になった時点で、その分、安くできる場所を探しましょう。また「10万円以上の追加費用が発生する場合は、必ずメールなど文書で確認する」といった合意を、契約時に交わしておくという方法もあるでしょう。そうすれば「施工中の現場で、口頭でなにげなくお願いした追加作業のコストが15万円もかかった！」といったサプライズは防げます。

費用総額を決めるのは業者ではなく自分

いずれにせよ理解すべきことは**「リノベ費用は業者ではなく客が決めるもの」**だということです。「高いリノベ会社」と「安いリノベ会社」があるのではなく、「高い代金を払ってでも実現したい住まいがある客」と「そこまでお金をかけなくてもいいと考えている客（もしくはかけられない客）」がいるだけです。

私が相談したリノベ会社のなかには「１０００万円以下の仕事は受けない」とか「平米単価20万円以上でないと受けません」と明言するところもありました。そういう会社は「高い会社」と思われがちですが、より正確には「１０００万円以上払ってでもこだわりのリノベを実現したい客の依頼だけを受けている会社」ともいえます。

また、「まったく同じ工事でも、大きなリノベ会社と小さな工務店では値段が大きく違う」といわれますが、これも「割高な会社と格安な会社」と捉えるのは正確ではないでしょう。

そうではなく、管理部門やサポート部門がしっかりしていることに付加価値を感じ、それに対価を払ってもいいと思う客と、そこに価値を感じない客がいるだけです。

あまり適当な例ではないですが、大きな会社であればリノベ中に担当者が急死しても誰か別の人が担当になってくれます。でも個人経営の工務店で社長兼工事責任者が事故にあったりしたら、リノベが止まるどころか会社が潰れかねません。

そんなことはほとんど起こらないので余計な費用を払いたくないと思う客もいれば、費用を払ってでもそんなリスクはとりたくないという客もいます。私なら、キッチン単独の取りかえや壁紙の張りかえなら個人経営の工務店でもいいけれど、総費用が数百万円を超え、全体で数カ月かかる工事をそういうところに依頼するのはちょっと躊躇します。

このように、**リノベの費用は客側の事情と考え方によって大きく左右されます**。だからリノベ会社はなんの知識もない客に「で、ご予算は？」と尋ねるのです。

スケジュールも自分次第

さらにいえば、費用だけでなくリノベにかかる日数も客によって変わります。リノベ専門誌や各社のパンフレットには標準的なスケジュールが記載してあり、それを見るかぎりどこの会社の日程も大きくは変わりません。

ところが実際にリノベにかかる日数は人により、また場合により大きく異なります。私は最初、この差はリノベ会社や工事規模から来る違いだと思っていました。でも、途中でそうではないと気づきました。**まったく同じ工事であってもリノベにかかる期間は「客によって違う」**のです。

それに気づいたのは個別相談の際、いつものように「申し込みから着工まで、だいたいどれくらいかかるんですか?」と尋ね、「そうですね。ちきりんさんなら4カ月くらいかかるかもしれませんね」と言われたときです。

この回答は「あっ!」と声を出してしまうほど目ウロコなものでした。「ちきりんさんなら」と言われたことで初めて、リノベに必要な期間は会社や工事規模ではなく施主、つまり私がどんな人かによって変わるのだと気づいたのです。

なぜ客によって日程の長短が変わるのか。理由は2つ。スケジュールに余裕があるかないか、そして、リノベにどれくらい細かくかかわりたいか、が客によって違うからです。

中古マンションをローンで購入、賃貸に住みながら購入したマンションのリノベをする人には、ローンと家賃の支払いが両方必要になるリノベ期間を長く設定することはできません。子供の入学にあわせて来年の春から住み始めたいなど、なんらかの理由で転居日の決まっている人も同じです。

また、仕事が多忙で間取りや内装にそこまでのこだわりがないという人や、反対に、すでに希望の間取りやデザインが明確な人なら、すぐにでも詳細プラン作りが始められます。

その一方、「リノベ？　1年以内に終わればいいです」と言いつつマンションの構造やら設計方法までやたらと細かな質問をする私のような客から「詳細設計にかかる期間は？」と聞かれたら、「あなたなら4カ月はかかるかも」というのが、正しい回答です。

実はほかの会社でも「3カ月はかかりますね」と言われたりしていました。それを聞いた私は「長くかかるものなのね」とは思ったけれど、それが自分側の事情によるものだとは思っていませんでした。相手が私の性格や状況を読み、それによって回答を変えていると気がついたのは「ちきりんさんなら」という言葉を聞いたからです。

リノベ以外でも「どれくらいかかるかは客による」ということは（共同プロジェクト型の取引

では）よくあります。「何カ月くらいで英語が話せるようになりますか？」と聞かれたら、英会話学校としては「それはあなたの努力によります」としか（心の中では）言えないでしょう。

どうしても2カ月以内に着工したいと言われれば、リノベ会社はそれが可能になるよう打合せを進めます。余計な時間がかかる（まばゆいばかりの！）ショールームには誘わないし、打合せ日程も早めにスケジュール化、客を迷わせかねない情報は提供せず、意思決定がスムーズに進むよう、背中を押すようなアドバイスだけをしてくれます。

そうやって「必要事項を期間内に決めさせ、プロジェクトを期限通りに終わらせること」こそがリノベ担当者のスキルだし、彼らの利益管理（人件費管理）のためにも重要なのです。

反対に、時間に余裕があり、なんでも自分で決めたいお客さんなら、あちこちのショールームを紹介し、いろいろな資材、建材を見てきたらと勧める一方、打合せスケジュールや職人の確保に関しては、期日の厳しい、急いでいるお客さんを優先するでしょう。

リノベという共同プロジェクトでは、客側が希望を述べれば、専門家側はそれに合わせてプロジェクトの進め方を調整してきます。だから **「どれくらいかかりますか？」と聞くより「○カ月で終わらせたい」と伝えるほうがいい** のです。

これに気づかないと、「ほかのお客さんは何度もショールームにつれていってもらったのに、私は1回だけだった」とか「ほかのお客さんは申し込んで2カ月後には工事が始まったのに、自分は4カ月たってもまだ始まっていない」といった不毛な不満（不信）につながってしまいます。

一方「住宅ローンと家賃の二重払い期間が少々長くなってもかまわない。むしろリノベプランをじっくり検討したい」と思うなら、その旨をはっきりリノベ会社に伝えましょう。そうでないと彼らは「二重払い期間を短期化するほうがお客様のためになるはず」と考え、客を迷わせてしまいかねないショールームへの案内などを控えかねません。

「あの会社は仕事が早い」とか「あの会社は時間がかかる」といったほかの経験者からの評判も、業者側ではなく客側の事情の違いで生じた差かもしれず、あまり意味がありません。

共同プロジェクト型の取引は等価値交換型の取引とは異なり、「同じ額を払った客は、全員が同じものを手にする」わけではないため、ほかのプロジェクトと自分のプロジェクトを比べても意味がないのです。

⑪リノベ前に理解しておくべき大切なことの３つ目は「予算やスケジュールは客側の事情によって大きく変わる」ということです。

⑫なので「どれくらいかかりますか？」と聞くのではなく、どのくらいの時間とお金をかけていいと考えているのか、自分からしっかり伝えましょう。

⑬予算をあまり少なめに伝えると、「使いやすいけど高額、すてきだけど高価」な設備や内装材は提案してもらえなくなります。

⑭予算管理のキモはメリハリをつけること。そしてその基準や価値観をリノベ会社の担当者に遠慮なく正確に伝えることです。

⑮メーカーのショールームは高額商品に偏った展示をしています。こだわりのない部分についてはリノベ会社のお勧め品を使うと値引率も高く割安です。

column

リノベが注目される理由

昔と比べ、マンションのリノベーションはとても身近になりました。人生で初めて購入する不動産がリノベ物件だという人や、「中古物件＋リノベ」のほうが、画一的な新築マンションより好ましいと言う人さえ出てきています。その背景には生活スタイルの多様化、そして不動産業界や行政も含めたさまざまな人の思惑があります。

「非」標準家庭にとってのリノベの価値

リノベ雑誌を見ていると「なんでこんなに猫を飼ってる人が多いの？」と不思議になります。理由は「猫が住みやすいマンションなんて、自分でリノベしないとまず手に入らないから」でしょう。

猫の出入口として壁に穴が開いていたり、天井近くの壁に猫の通り道としての棚板がついているような部屋は新築マンションにはありません。だから愛猫のため、そういう部屋に住みたいと思えばリノベをするしかないのです。

芸能人のなかには新築マンションをリノベする人もいます。これも「広くて部屋数の少ない新築マンション」が存在しないからです。マンションの大半はファミリー向けに設計されており、広くなると部屋数が増えます。「1人で80平米の1LDKに住みたい人」は、リノベをしないとほしい家が手に入りません。

高齢者が求める住まいも同じです。夫婦別々の寝室がほしいけれど、なにかのときに気配だけは伝わるよう、「引き戸で仕切られた2つのベッドスペースが隣り合わせに配置された家」なんて売られていません。

世帯人数も暮らし方も多様化しているのに、新築マンションの大半は夫婦+子供という標準家庭のために設計されており、これまでそれ以外の人は「自分に向いていない間取りの部屋に住み続ける」しか選択肢がありませんでした。リノベはそういった人が自分に合った住まいを手に入れるための不可欠な方法なのです。

標準家庭にもリノベニーズが出現

では標準家庭ならリノベは不要なのでしょうか？　たしかに新築マンションの大半は子育て世帯向けに設計されています。でも最近は共働きが多いため、家探しにはさまざまな制約が伴います。妻と夫両方の職場へ通勤が便利な場所であること、保育園に入りやすいことや子供を通わせたい学校に近いことなど、立地条件が極めて重要になるのです。

立地条件に制約が多いと、たとえ新築マンションの大半がファミリー向けであっても希望エリアに希望価格で家を見つけるのがむずかしくなります。このため「新築ではなく中古でもいい」となるし、「今住んでいる部屋をリノベすることで、転居せずに住みやすくできないか」というニーズが出てくるのです。

生活スタイルの多様化

同じような家族構成でも、ほしいと思う設備は異なります。経済評論家の勝間和代さんの家に遊びに行ったら、コンロはまったく使わないらしくＩＨコンロの上が調理グッズ置き場になっていました。家族のために料理をするのが大好きな勝間さんなのに、私がリノベをするというと「コンロなんて不要だからつけなくていいよ」とまで言うのです。（参考ブログ：勝間さん宅　新春訪問　https://chikirin.hatenablog.com/entry/20180108）

一方、「ご飯は必ず土鍋で炊くので、コンロは３つないと困る」という20代の若者にも会いました。「単身者用のワンルームマンションはどこもキッチンが小さすぎ、コンロも少ない。キッチンの大きなワンルームがなかなか見つからない」と言うのです。

今や「単身の若者は料理なんてしないはず」「子育て中の家庭なら３口コンロが必要なはず」という一般論さえ通用しない時代なのに、ファミリー向けの新築マンションは大半が３口コンロ、20平米弱のワンルームには１口コンロと、既存の部屋の造りは本当に画一的です。

加えて新築マンションの内装はあまりに無個性、無機質で哀しくなるほどだし、ネット上で中古品売買が盛んになり、洋服から化粧品、子供のおもちゃまで中古でよいと考える人が増えるなか、家についても新築にこだわらない人が増えているのは想像に難くありません。

高すぎる新築

もう1つ、リノベを検討する人が増えているのには、利便性の高い場所でのマンション価格が高騰しているという事情もあります。

共働き世帯にとっては駅に近く、かつ通勤に便利なことがなにより大事だし、郊外一戸建てに住んでいた高齢世帯も子供の独立後、自動車を手放し、手入れがラクなマンションへと住みかえを始めます。「広い庭つきの郊外一戸建て」より「便利な場所のマンション」を求める人が増えている一方、そういう場所に建つ新築マンションは、今や共働きでも容易に手が出せない価格まで高騰しています。不動産経済研究所によると、2018年、東京23区の新築マンションの平均価格は7142万円と信じられないような価格でした。

こうなると、都心の駅近でマンションを買いたいと思えば、どうしても中古に目を向けることになります。結果として首都圏では、2016年に中古マンションの成約件数が新築マンションの供給戸数を上回りました。中古マンションをリノベすれば新築より安く、かつ便利な場所に住める。しかも間取りも内装も好きに変えられる。これが、中古マンションをリノベして住むというスタイル増加の背景です。

供給側の事情

中古マンションを仲介する（売る）不動産会社にとっても「この部屋だってリノベすれば新築以上にすてきになりますよ」とアピールできれば、新築と比べて見劣りする中古物件を販売するうえでとても効果的です。

不動産の再販会社にとっても同じです。売り手と買い手の両方を探してマッチングする仲介会社とは異なり、売り主からマンションを買い取り、自ら売り主となって買い手を探す企業を「再販売」会社、略して再販会社と呼びます（**図表6**）。

彼らは（ほかのマンションに買い換えるための代金にあてるなどの理由で）スグにでも不動産を売りたいという人から安くマンションを買い取り、リノベして売りに出します。こうした「リノベずみ中古マンション」の価格は不動産代金とリノベ代金の合算で表示されるため、リノベだけでいくらかかっているのか客にはわかりません。

当然ですが、リノベは個人がイチイチこだわりながら発注するのに比べ、業者が定番のパターンに沿っておこなえばかなり安く仕上げられます。だから「素人から見ればとてもすてきで価値の高そうな内装だけれど、業者から見れば安くできるリノベ」ができれば、その分だけ中古マンションを売りやすくなるのです。

［図表6］　中古不動産の流通市場

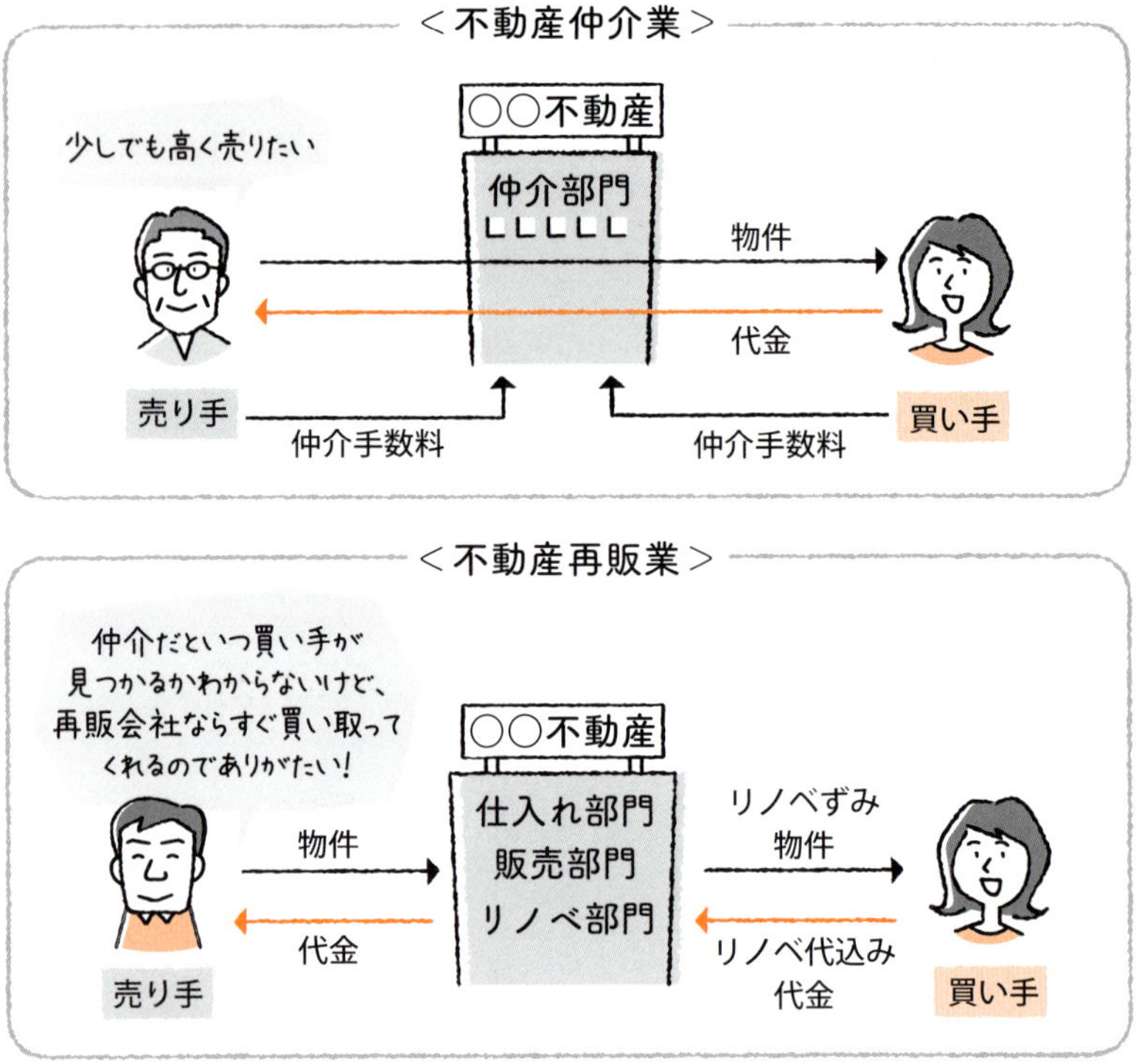

※両方の事業を手がける会社もたくさんあります。
※中古物件の仕入れ元（売り手）は個人のほか、新築マンションの売れ残りや競売物件も含みます。

余談ですが、マンションのポストには「近隣にお住まいの医師の方が、このマンション限定（やエリア限定）でお部屋を探しておられます！　まずは査定依頼を！」といったチラシが大量に投げ込まれますが、そんな医師は実際には存在しません。「〇千万円程度で探しておられます」と書いてある予算額も、「そんなに高くで売れるなら査定してもらおうか」と思わせるため、大幅に上乗せされています。

新築デベロッパーが土地

を確保しないと仕事にならないように、不動産流通にかかわる企業も売り物（物件）を確保しないと仕事になりません。数千万円の不動産を買ってくれる客が（不動産会社にとって）大事であることは誰にでもわかります。でも実は「商売のネタとなる不動産を売ってくれる個人」も彼らにとっては大事なお客様なのです。

行政の思惑

中古物件のリノベには行政も期待を寄せています。どこの自治体も高度成長期に大量に建てられ、老朽化した団地対策に頭を悩ませています。古い団地は4階建てなのにエレベーターや宅配ボックスがないなど設備面の不備も多く、住民の高齢化が進んだり、長く空室が続いたりと問題が起こりがちです。

その一方、古いからこそ都心部や駅近など極めてよい立地条件にあったりもします。このため「おしゃれにリノベ」できれば若い人が住んでくれるのではと考えた行政と、無印良品など人気メーカーが組んで「団地リノベ」をおこなうケースが増えています。自治体にとっても大量の廃棄物を出しコストも高くなる解体＋新築より、古いモノを再利用しながら地域再生につなげられるリノベのほうがよほど好ましいのです。

第2部

リノベのリアルプロセス

第5章

リノベ会社のタイプを理解しよう

リノベ会社の5つのタイプ

さて、リノベを決断したら最初に考えるのが「リノベってどこに依頼すればいいの?」ということですよね。専門誌には必ず「複数の企業を比較検討して決めるべき」とありますが、その比較すべき複数の企業は、どうやって選べばよいのでしょう?

国土交通省にはたくさんのリフォーム、リノベーション関連の事業者団体が登録されているのですが（巻末資料5）、そのうち**一般社団法人リノベーション協議会のサイト**では地域ごとに会員会社が検索できます。でも東京だと266社（2019年2月13日現在）もヒットするので、ここからの絞り込みが大変です。

ちなみに大阪や愛知、宮城や福岡など地方の主要県でも80社前後、人口の少ない鳥取や高知でも30社程度は出てきます。各社サイトへのリンクもついているので1社ずつ会社概要や施工事例を調べることもできますが、ちょっと多すぎて、なんらかの基準がないと絞り込みができません（しかも、この協議会に登録していない会社もたくさんあります）。

そこでまずはリノベ会社をタイプ別に分けてみたので、どんな会社に頼みたいと思っているのか、自分なりの基準について考えてみましょう。

①超大企業系列のリノベ会社

三菱地所や三井不動産、住友不動産や野村不動産、東急不動産など、新築マンションの開発を手がける不動産会社はデベロッパーと呼ばれます。これに伊藤忠など新築マンションの販売を手がける商社を含め、超のつく大企業が子会社やグループ会社をとおしてマンションのリノベーションを手がけています。

マンションより一戸建てがメインのところもありますが、ハウスメーカーと呼ばれる大手企業（住友林業や旭化成など）も、グループでリフォームやリノベに力を入れています。

こういった会社でリノベすることのメリットはなんといっても安心感です。工事の途中や直後に倒産する可能性は極めて低いし、企業としての評判を気にしそうなので、ヒドい手抜き工事もなさそう（あっても補償してくれそう）ですよね。

リノベでは「10年保証」など長期保証をうたう会社もありますが、そもそもその会社が10年存続してくれないと、長期保証も意味を持ちません。その点、これだけ大きな会社（のグループ企業）なら安心と思う人は多いでしょう。

彼らは新築用に住宅設備や資材を大量購入しているので、仕入れ力も高く技術が安定していそうですし。スケルトン・リノベだけでなく部分リフォームなど幅広いリクエストにも対応してくれるようです。ただし、新築マンションはデザインも画一的、住宅設備も大手メーカーの標準的な商品ばかりなので、それらに慣れている彼らが個性的な内装や設備資材（オリジナルキッチンや外国製の壁紙など）を使いたい、といったリクエストにどこまでこたえてくれるのかは未知数です。

どこの大企業にも多数いる「働かないオジサン」の給与もリノベ代に含まれるし（＝つまり割高）、組織としての決まり事も多いので特別なリクエストに柔軟に対応してもらえない可能性など、大企業ならではのデメリットも考えられます。

こういった企業のリノベ説明会にも行ってみたのですが、「1つ1つ手作り」というより新築マンションに使われる設備や内装パターンがリノベでも利用できるよう、豊富に用意してあるという印象でした。

カタログも充実していて、「この中から好みの床や壁、お風呂やキッチンを選んでいくと、だいたいこんなマンションになるんだな」とよくわかるので、あれこれ細かいことをゼロから考えるのは面倒という人や、高いお金を払うのだからとにかく安心できる企業に依頼したいという人にはよい選択肢だと思います。

特に、一般的に売られている新築マンションのスタイルが嫌いではなく「古いマンションを新築のようにキレイにすることがリノベの主目的」という人にはベストかもしれません。

②不動産流通会社のリノベ部門

新築マンションの建設ではなく中古物件の仲介や再販を手がける不動産会社のなかにも個人向けにリノベ事業を手がける企業がたくさんあります。こういったところにリノベを依頼するメリットは、制約の多い中古マンションのリノベーションに慣れていること、そして、中古物件の情報をたくさんもっていることです。

中古マンションには思わぬ落とし穴がたくさんあるので、さまざまなトラブルを経験してきた会社のほうが、万が一のときの対処がスムーズです。また彼らは不動産の中古販売（流通）が本業なので、物件探しのサポートも得やすいでしょう。

本業が不動産業なので書類作成や金融機関との交渉にも慣れているし、そもそもリノベ部門は不動産業のサポート部門なので、あまりガツガツしていないイメージもあります（リノベが本業の会社では、リノベ事業のみで利益を出す必要がありますが、不動産会社なら「リノベが不動産販売や仲介の実績につながり、そちらで利益が確保できるなら、必ずしもリノベ事業単独で利益が出なくてもいい」と考える場合がある、ということです）。

心配したのは、「長いと半年もかかるリノベの途中で倒産でもされたらどーなるんだろう？」ということ。リノベ事業は低リスクの事業ですが、本業の不動産事業で過大な投資（社長直轄の社運をかけたプロジェクト！）に乗り出したあと、リーマンショックがやってきたらスグにでも傾くんじゃないかと不安でした。

実は私は20年前に新築マンションを購入したとき、工事中に建設会社が会社更生法を申請するという経験をしています。私の契約相手は建設会社ではなくデベロッパーだったので影響はありませんでしたが、申し込みから引渡まで1年近い不動産取引ではそういうこともありえるのだと学んでいたので、そこはちょっと心配でした。

③リフォーム会社、リノベ会社

ここまでは「メインの事業はリノベ事業ではなく不動産業」という会社でしたが、主業としてリフォームやリノベを手がけている会社がたくさんあります。もっとも一般的に「リフォーム屋さん」や「リノベ会社」と呼ばれる会社で、不動産会社より規模が小さく社員数も少ないし、ルーツや業態も、設計士が集まって作った会社、地域の工務店やインテリアショップ、家具メーカーやエコ建材の卸事業からリノベ事業に乗り出した会社、そして全国の工務店をネットワークするリノベのコーディネート会社までさまざまです。

こういった会社に依頼する最大のメリットは、好みにあう個性的なリノベ会社を見つけられることでしょう。エコや自然素材を前面に打ち出す会社もあれば、ＩＫＥＡ好きならその代理店を兼ねるリノベ会社に依頼することもできます。カフェやバーのような部屋にしたいなら、住宅だけでなく店舗デザインも手がける会社を探してみるのも1つの手でしょう。

不動産会社のリノベ部門では、住宅設備にしても資材にしても規格品を仕入れて取りつけるのが基本的な仕事ですが、小さめのリノベ会社になると、リノベとＤＩＹの境目が曖昧になってきます。いわば「プロがＤＩＹ的に部屋を改装してくれる」といった趣《おもむき》になってくるので、個性的なリノベを希望する人、お金をかけずに細かな工夫を試みたい人には向いていると思います。

ただ、**彼らは不動産会社ではないので物件の情報はあまり持っていません**。すでにマンションを保有している人には関係ありませんが、物件探しから始める人は、提携している不動産会社があるのかなど、物件探しの能力についても調べる必要があるでしょう。

また、小さな会社も多いので安定性にも気を配りましょう。スケルトン・リノベは予算が数百万円単位となり、多くの場合、工事開始時には代金の半分以上を払います。過去に格安旅行の手配会社や成人式の着物レンタル会社で起こったような資金繰りのいき詰まりによる突然死（倒産）のリスクは、リノベ会社に関してもゼロではありません。

④設計事務所

設計事務所というと、カリスマ建築士が美術館や公共建築物のデザインを請け負う有名事務所が頭に浮かびますが、主に個人のマンションリノベを請け負っている小さな事務所も都市部にはたくさんあります。

別荘や一戸建ての注文建築を依頼する場合は、雑誌などで建築作品を見つけ、気に入った特定の設計士に依頼するのが一般的かもしれませんが、マンションリノベを主業務とする事務所では、そこまで作品性を打ち出しているわけではありません。

ちなみに**設計事務所に依頼する場合は、契約形態が異なります**。リノベ会社の場合、契約は1社とまとめて結びますが、設計事務所の場合は、設計事務所とは設計契約を、工事請負契約は施工店（工務店）と結びます。

もちろん工務店は設計事務所が紹介（選択）してくれますし、彼らがよく使っている会社が多いので心配はありません。ただ、設計と施工の隙間におちる細かい業務やトラブル処理、アフターサービスをどちらが担ってくれるのか、初めてのリノベをする客としては不安も感じます。

実際には設計会社がきちんとフォローしてくれるし、むしろ彼らがプロとして施工会社を管理してくれるので安心なくらいかもしれないのですが、設計事務所はこういった客の不安をあまり理解していないようにも感じます。

デメリットは、設計事務所が使う施工会社には小さいところが多く、手がける案件も少ないため、住宅設備や資材の仕入れ価格が割高になりそうなこと（メーカーとの交渉力がほぼ期待できないこと）や、初期プランの提案段階から料金の発生する場合が多いことでしょうか。

リノベをする客の多くは、まずは各社から設計案を出してもらい、その内容を比較検討したうえで依頼企業を決めたいと考えます。そして多くのリノベ会社はこの初期提案を無料でおこなっています。

けれど、現地調査を含めた初期提案には相当の労力がかかるため、これを無料でおこなえるのは組織の規模が大きく、他事業の利益でその費用をまかなえる会社だけです。

設計料は一般的に工事総額の10％から15％程度、もしくは一律で数十万円などと決まっていますが、設計事務所の収入はこれだけです。施工も請け負うリノベ会社なら施工管理業務からの利益や、設備機器の仕入れ値と販売価格の差額なども収入になりますが、設計事務所にはそういった副収入がありません。このため初期提案を無料でおこなうことがむずかしいのです。

結局、初期プラン作成からお金を払ってもいいと考える客の多くは、雑誌やサイトで施工例を見て「ぜひこの設計士さん（もしくは設計事務所）にお願いしたい」という強い気持ちをもっている人に限られるのかもしれません。

ただし、設計事務所を開いて直接、個人客と向き合っている設計事務所には、とてもバランスのいい人が多いようにも感じました。

設計士になる人のなかには「自分は図面だけを書いていたい。不動産の値引き交渉やトラブルにはかかわりたくないし、営業活動や損益計算なんてしたくもない」と考える人もいます。そういう人は設計だけをおこなう会社に入ったり、企業の設計部門に就職するでしょう。

「図面を書くだけではなく、お客さんと一緒にプロジェクトを進めることがなにより嬉しい」と考える人でなければ、わざわざ設計事務所を経営し、直接お客さんと仕事をしようとは思いません。ともすれば「不動産を売るためにリノベの相談にものります！」という態度の垣間見える不動産会社のリノベ担当者より好ましく思える場合もあるんじゃないでしょうか。

⑤玉石混交の工務店

郵便ポストに「水回りのリフォームを！」というチラシがよく入っていますが、これらの多くはリフォームを手がける近隣工務店のものです。ユニットバスやシステムキッチン、トイレの取りかえ、壁紙の張りかえなど小さな工事であれば、固定費の安い工務店に頼むのも選択肢の1つでしょう。

工務店だから質が低いということではなく、しっかりした施工管理者、腕のよい工事担当者（職人）は法人（建築）市場でもひっぱりだこです。しかし会社規模が小さくなればなるほど質のバラツキも大きくなり、良し悪しの見極めは容易ではありません。

なので、信頼できる知人からの紹介とか、過去に自分が小さな工事（補修や住宅設備の交換など）

を何度も頼んでおり、十分に信頼関係ができている、という場合でないと、個人がいきなり大規模な工事を工務店に頼むのは難易度が高いでしょう。

ただ、リノベ会社のなかには「水回り設備の取りかえだけ」「壁紙の張りかえだけ」といった小規模な依頼を受けない会社もあるので、部分リフォームの場合は「リフォーム事業に積極的な工務店」が主要な選択肢になるのかもしれません。

その場合、希望すればパナソニックやＬＩＸＩＬのような大手住宅設備メーカーが施工店を紹介してくれるので、特定メーカーの商品が好きで、水回りを中心にリフォームするような場合はそういうところに依頼するのも１つの手です。

また、築20年を超えた我が家のマンションには、「住まいの不具合を無料点検します！」というお知らせが管理会社から頻繁に届きます。これも管理会社と業務提携する工務店、リフォーム店からの営業です。部分リフォームをおこなう工務店はたくさんありますが、質の見極めに不安のある場合は、そういった会社のなかから選ぶとよいかもしれません。

以上、５つのタイプのリノベ会社については**図表7**にもまとめておきましたので、それぞれのニーズにあわせて選んでください。もしくは、異なるタイプの会社を比較しながら、どこにお願いすべきか検討するのもよいかもしれません。

ワンストップサービスのメリットと注意点

リノベについて調べていると「ワンストップサービス」という言葉がよく出てきます。これは「住宅ローンを組んで中古マンションを買い、リノベして住みたい」という人向けに、次のようなサービスをまとめて提供することです。

- 中古マンションの仲介、販売、もしくは物件探し
- リノベーション工事の設計・施工
- 資金調達のアドバイス（住宅ローンの組み方など）

ワンストップサービスを提供している会社は次の2タイプに分かれます。

①物件探しに同行してくれるリノベ会社や設計事務所
②不動産販売とリノベ事業をどちらも手がけている不動産会社

①は、客がチラシやネットで見つけた中古マンションの内覧に、リノベ会社の担当者が同行してくれるというサービスです。

現地では彼らが売り手側の不動産会社に必要な質問をしてくれるので、かなり心強いと思います。価格の妥当性についてもアドバイスがもらえそうだし、なにより助かるのはプロが現地と設計図を見れば、どのようなリノベが可能か、もしくは不可能か、不動産を買う前にある程度、想定できることでしょう。

ただ、内覧する物件自体は自分で探さねばなりません。設計事務所や小さなリノベ会社は不動産会社と異なり、物件の情報を豊富にもっているわけではありません。

また、物件も見つかっていない段階から「この会社にリノベを依頼する」とあらかじめ決めておかないと同行が依頼できません。私は自宅のリノベに関する相談を通して、どの会社にリノベをお願いしたいか考えました。そういった具体的な相談なしにリノベ会社を評価、選択するのはかなりむずかしいとも感じます。

そして、物件同行までしてもらって中古マンションを買えば、その後、複数のリノベ会社から見積もりをとってプランを競わせるなんて（普通の心臓の人には）できません。リノベ会社のほうも、あとから無用な価格競争をする必要がなくなるからこそ、物件の紹介や内覧同行を（無料で）してくれるのです。

もう1つの②のパターンは、不動産販売会社が物件の仲介や販売とリノベ事業を合わせて提供するワンストップサービスです。この方式のメリットは、1社ですべて相談できるという手軽さと、スケジュール管理の容易さです。

中古マンションは一点物なので、気に入ったら即、手付け金を払うなど、スピーディに意思決定をしないと手に入りません。購入前に「この物件で希望のリノベが可能なのか」を確認したいと思っても、そこからリノベ会社を探し始めたのでは間に合わないのです。

また、住宅ローンはリノベローンよりはるかに金利が低いため、住宅ローンにリノベーション費用も含めて借りてしまうという方法があるのですが、これも「ローンを組んで中古マンションを買った。さて次はリノベの費用を借りよう」では間に合いません。このように迅速な意思決定を迫られる中古物件の購入＋リノベにおいては、1社ですべて相談できるのはとても便利です。

一方、不動産会社のワンストップサービスには気になる点もあります。たとえば、中古マンションの販売広告には「弊社でリノベーションの設計・施工を承ることが売却条件です」と明記されているものもあります。これだと不動産価格が少々安くても、リノベに関しては他社との比較もできず、総額では割高になるかもしれません。

［図表７］　リノベ会社のタイプ

	新築デベロッパー、ハウスメーカー、商社など大企業系	不動産仲介・再販会社系	リノベ会社 リフォーム会社	設計事務所	街の工務店
本業	新築物件の企画、販売	不動産流通（仲介・再販）、不動産投資など	リノベーション リフォーム	設　計	施工（工事）
特徴	・信用力抜群 ・新築マンションのデザインや建具、住宅設備を中古のリノベに活用 ・割高？ ・バリアフリー・リフォームなど高齢者世帯向けの事例が充実	・中古マンションのリノベ経験が豊富 ・物件情報も豊富 ・リノベ部門は不動産販売など他事業のサポート部門 ・ワンストップサービスをアピールする会社が多い	・特徴ある多彩な企業が存在 ・DIY的な要望に慣れた会社も ・小規模な会社が多い ・物件情報をもたない会社も	・最初から設計士が相談にのってくれる ・施主と直接仕事をしたい設計士が多く、コミュニケーション能力が高い ・工事請負契約は工務店と別途結ぶ ・最初の見積もりから有料のところも多い	・内装工事や設備機器の取りかえが業務の中心 ・固定費が安く格安 ・細部は工事を進めながら決められるなど柔軟 ・大規模リノベの設計は無理

なにより安心が大事 キレイで新しくなればいいし…
まずマンションを買う必要があるんだよなー
とにかくオリジナルな部屋を手に入れたい!!
部分リフォームだし、安いほうがいいなー

こういう広告（売り方）が存在するということは、物件売却の利益とリノベ事業の利益を両方確保したいというのが、ワンストップサービスを手がける理由なのかもしれません。

「自分にとって理想的な条件の物件」を販売している不動産会社と、「自分好みのリノベを数多く手がけているリノベ会社」がたまたま同じだという人にはいいですが、そうでない人にとっては「両方を同じ会社に依頼する」のはメリットではなく制約になってしまいます。

また、両事業には利益相反のリスクもあります。中古マンションの販売担当者は、その物件がもつリノベの制約条件を積極的に説明したいとは思わないでしょう。しかしリノベ部門の設計担当者は、そういったこともすべて顧客に知らせる必要があります。そのどちらが優先されるかは、それぞれの会社における両部門の力関係にも依存しそうです。

本書のメイントピックではありませんが、物件購入にはリノベ以上に多額のお金が必要になるので別途慎重に検討しましょう。

16 安心の大企業か、物件情報の豊富な不動産販売会社か、それとも個性的な施行事例の多いリノベ会社かなど、ニーズにあわせて依頼会社を選びましょう。

17 部分リフォームなら住宅設備メーカーやマンション管理会社と提携する工務店に依頼するのも1つの選択肢です。

18 物件購入を同時におこなう場合はワンストップサービスのメリット・デメリットを理解してうまく活用しましょう。

第6章

実録！
リノベ会社の
選び方

個別相談に行きたいと思える リノベ会社を探そう

さて、私自身はどのようなプロセスでリノベ会社を選んだのか、ここからは具体的に説明していきましょう。

まずは前章で分類したリノベ会社のうち、大企業グループの会社は選択肢から外しました。長い間、会社員として日本の超大企業とつきあってきましたが、彼らとはホトホト価値観が合わないと痛感していたからです。

一方、特定の建築士を名指ししたいほどデザインへのこだわりもなかったし、大規模な工事のできる工務店を探す自信もなかったので、中古マンションのリノベを多く手がける不動産会社とリノベ会社から選ぶことにしました。

とはいえ会社数が多いのでここからが大変です。特に東京の場合、全リノベ会社のホームページを確認するなんてとてもできません。なので**「すべての会社の中からベストな会社を選ぶ」のは諦め、**「個別相談に行きたいと思える会社を10社ほど選ぶ」ことを最初の目標にしました。

そのうえで専門誌やサイトをあれこれ見て情報を集めました。リノベ専門誌には雑誌社に広告料を払ったリノベ会社がたくさん載っているし、ネットで検索をすると、グーグルに広告料を払った会社と、検索エンジン対策のうまい会社がずらりと上位に並びます。リノベ会社を集めたポータルサイトも複数あり、大手リノベ会社から地域の工務店まで数多くの企業が登録しています。

客単価が2000万円を超えるような富裕層向けのリノベ会社は日経新聞や高級インテリア雑誌に広告を出しているし、比較的リーズナブルな価格の会社はコミュニティ紙にリノベ説明会の広告や告知を出しています。週末に開かれるリノベフェアやリノベの合同説明会に行けば、一度に複数社と話しができるのも便利です。

都市部であれば、そういった会社のなかから自宅や勤務先に近く、ウェブサイトに載せている施工事例が気に入った会社をピックアップするだけでもすぐに10社くらい選べます。

反対に地方在住の方は、雑誌やサイトで見つけた会社が自分の住む地域を対象エリアにしているかどうかや、近隣の支店や事務所にリノベ担当者が常駐しているかなどを確認しましょう。前述したようにリノベは共同プロジェクトです。ネットでいつでも連絡がとれる時代とはいえ、工事が始まると「現場を確認しないと決められないこと、わからないこと」がたくさん出てきます。担当者がすぐ会える（来てくれる）距離にいることの価値は、リノベでは想像以上に大きいというのが（リノベを体験した私の）実感です。

絞り込みの条件は「住所」と「施工事例」

東京の場合はとにかく社数が多いので、まずはリノベ雑誌やネット検索で目に付いた会社のなかから「住所」で絞り込みをかけました。「家から40分以内で行けるところにオフィスがある会社」に絞ったのです。近い会社に頼めば（私が訪ねやすいだけでなく）先方の担当者もうちに来やすくなり、工事中も丁寧に現場を見てもらえそうだと思えました。

次に、それらの会社のサイトでリノベ事例を確認し、価値観やテイストの合わない会社を除きました。たとえば私は夏でも足が冷えるのを防ぐため靴下を履いています。しかも慌て者でよく飲み物をこぼすので、水に弱い無垢材は気を使います。なので「施工事例の大半が無垢の床」といった会社は候補から外しました。そういうところに相談に行き、「床は無垢じゃなくていいです」なんて言ったら「ではなぜうちに？」と思われそうです。

同じような理由で「客が内装施工の一部をＤＩＹ的に手がけること」を「家族全員で家を作ることで愛着が湧く。そのうえ、コスト削減も可能なすばらしい方法」として、積極的に勧めているところも除きました。

ＤＩＹ自体は大好きで、リノベ前の家にもあれこれ手を入れていました（**写真6**）。でもせっかくだからリノベ時はすべてプロに仕上げてもらい、ＤＩＹをするのは経年劣化に伴う補修のときでいいと思っていたので、「ＤＩＹ楽しいですよ！」的な価値観を押しつけられそうな会社もリストから外しました。

けれど反対に、積極的に家づくりにかかわりたい人ならそういう事例が多い会社を選ぶべきです。リノベ会社のなかには客が内装工事にかかわることを面倒と感じるところもあるので、意向の合うところに頼まないとお互いに不幸です。

あとはひたすら各社のリノベ事例を比較しました。どこの会社も多くの施工事例を写真つきで載せており、得意なスタイルや予算レベルがよくわかります。そのなかから、物件の広さ、場所、予算など、自分の条件と近い案件の多い会社を選びました。その会社にとって自分が「例外的な顧客」であるより、「よくあるタイプのお客様」であるほうが、言わなくても伝わることも多そうと考えたからです。

こうして大量の施工事例を見て気づいたのは、リノベの内装デザインには一種の流行りがあるということでした。コンクリートをむき出しにした天井や壁、アイアン枠にアンティーク風ガラスをはめこんだ室内窓、無垢風の板にシンプルな白い陶器を置いた洗面台などは、1冊のリノベ雑誌の中だけでもいくつも見つかる定番デザインです。それらは新築マンショ

［写真6］　リノベ前のちきりん家 DIY例

写真6-a　DIYの途中でペンキがなくなったため、塗装がとぎれてしまった廊下の天井。

写真6-b　リノベ前のトイレ。壁には自分でペンキを塗り、ブリックシートを貼って腰壁風に。床にも好みのマットを自分で貼っていました。

ンの画一性とは異なるけれど、「よくあるリノベ事例」という意味では必ずしも多様性に富んでいるわけではありません。

もちろんそのパターンが「まさに自分の望むデザインだ！」というなら、そういう事例ばかり手がけている会社を選べば話が早くなります。でも、自分オリジナルな部屋を望むなら、少なくともいくつかは「こんな部屋にしちゃうんだ！」と驚けるほど個性的な事例を載せている会社を探すべきでしょう。というのも、ゼロからいちいち設計すると手間がかかることもあり、「かっこいいけど、よくあるパターン」のプランしか出てこなそうな会社もあるからです。

各社ともホームページに載せているのは、得意分野や予算レンジを顧客に伝えるためのメッセージ案件です。ものすごくハイセンスな事例ばかり載せているリノベ会社を、デザインにこだわらない人が訪ねていってもいい結果にはならないし、（上にしろ下にしろ）自分の予算とかけ離れた事例ばかり載せている会社にコンタクトするのは時間の無駄です。

私は短気なので、ポップアップ画面が次々と現れるウザいサイトの会社も候補から外しました。反対に**とても参考になったのは、設計士自らがリノベのプロセスをブログで更新していたサイト**です。工事の様子や打合せのプロセスが細かく開示されていると、その会社の仕事スタイルが詳細までわかって安心できました。

こうして**図表8**の基準を充たす10社が見つかった時点で、ウェブサイトから資料を請求しました。なかには個別相談に行かないと資料をくれない会社もあったし、やりすぎと思えるほど多くの資料を送ってくる会社もありました。資料があまり豪華すぎると「これもリノベ代金のなかで回収されるのねー」と思えて、あまりいい印象ではありません。

なんの連絡もなかった会社は後回しにし、反応のよかった7社にコンタクトを取り、個別相談のアポを入れました。アポの際には名前や連絡先のほか、物件の住所やどんな工事を希望しているか、予算、タイミング、家族の人数なども聞かれます。

［図表8］　私の絞り込み基準

① 大企業系列でも工務店でもなく、マンションリノベの施工事例の多い不動産会社かリノベ会社の中で

② 40分ほどで行けるところに事務所があること

③ リノベ事例に「よくあるリノベデザインのすてきな部屋」だけでなく、ゼロから設計したと思える超個性的な事例が含まれていること

④ 予算、部屋の広さ、立地、施主の家族構成などにおいて「自分の条件」と似通った事例が多いこと

⑤ ウェブサイトが見やすく、会社概要や社長挨拶などに違和感のないこと

⑥ 無垢材や珪藻土など、自然素材にこだわりすぎていないこと。やたらと施主の内装工事参加を勧めていないこと

こうして自分なりの
「選択基準」を最初に言語化して
おくと、リノベ会社選びの際に
迷いが少なくなります

また当日は**リノベする物件の間取り図を持参します**。自分で手書きした適当な間取り図ではなく、購入時のパンフレットなど、寸法やPS（パイプスペース）の位置が記載されたものを持参しましょう。

後述するように「こちらから伝えたいこと」、すなわち「どんなリノベを希望しているのか」という要望や、質問したいコトもまとめていくと話がスムーズです。

学べて楽しい個別相談

個別相談で料金の発生する会社はありませんが、時間はかかります。私の場合、最長で2時間半、短いところでも1時間はかかりました。リノベのモデルルームを併設している会社や床材など資材サンプルを見せてもらえる会社もあり、こちらからの質問が多いとやたらと時間がかかります。また、どの企業も土日は担当者が忙しく、希望時間に訪問できない場合もありました（リノベ会社の多くは水曜日などに定休日を設定し、土日は営業しています）。

個別相談の目的は次の3つでした。

①　次のステップ（現地調査と初期プラン提案）を依頼したい会社を選ぶ
②　今の間取り、予算、スケジュールでどのようなリノベが可能か相談する
③　実際に依頼することになれば、どんなタイミングでどんな契約を結び、いつどの程度のお金を払うことになるのか、を理解する

反対に先方の目的は「どれくらいポテンシャルの高い顧客か」の見極めと、「今後、他社との相見積もりになった際、競り勝つためのポイントを聞き取っておく」ことだと思います。冷やかしで話を聞きに来ているのではなく真剣にリノベを検討しているか、3年後ではなく今年のリノベを考えているか、予算が確保できているか、住宅ローン審査に通りそうか、どこの会社と比較しているか、などですね。

このためどの会社からも、アンケートと称する調査票への記入を求められます。家族構成や年齢、収入など居住者の属性、物件の有無、広さ、場所、希望するリノベの内容、予算、資金調達方法、希望タイミング、好きな内装タイプ……そんなにむずかしい質問はありませんが、個人情報がてんこもりです。

なお私は、この段階では年収と予算については回答していません。ローンを組む予定がなかったので年収情報は不要と思ったからですが、年収を書けば、予算を言わなくても先方は「銀行から借りられる額」「払える額」を頭の中で計算し始めると思います。

画像を集めて持っていこう

個別相談では雑誌やネットで集めたリノベ写真をタブレットで示しながら、「こういう部屋にしたい」というイメージを画像で伝えました。内装デザインやイメージを伝えるには言葉より画像を使ったほうが圧倒的に簡単なので、リノベを考え始めたら気になる写真はすべてスマホに保存しておきましょう。

このとき私は**「嫌いな＝自分の好みとは異なるリノベ事例の写真」も集めて行きました。「なにが好きか」と「なにが嫌いか」をセットで示すと、自分の好みをより伝えやすくなるからです。**

ちなみに「嫌いな例」として示したのは、オープン収納のキッチン棚や複雑な形の照明、真っ白な壁の部屋、壁に向かって作られたパソコンコーナーの写真などです。掃除嫌いなのでホコリの溜まる場所を少なくしたいこと、明るすぎる白い部屋が嫌いなこと、仕事は壁に向かってするのではなく、目の前が開けたオープンなスペースで発想を広げながらやりたいことを伝えたかったからです。

そのほか、依頼した場合のスケジュールやお金の払い方、どんな会社かなどについて根掘り葉掘り質問しました。質問しまくった目的は情報を得ることだけではなく、先方の受け答えがどれくらいしっかりしているか見極めるためです。

突然に倒産されたら困るので、「社長さんて今、なんの事業にいちばん時間を使っていらっしゃいますか？」とか「リノベ事業以外で規模の大きな事業はなんですか？」など、企業調査のような質問もあれこれぶつけて不審がられました。

また、相談にのってくださった方には必ず「今、ここで働いて何年目ですか?」と質問しました。**あまり社員の回転率が高い会社は避けたい**と思ったためです。

個別相談のリアル

以下、個別相談の様子をまとめてみました。

A社での個別相談

応対してくださったのは営業兼プロジェクトマネージャーの男性。工事の進め方を聞いたところ、いろいろなマニュアルやツールがそろっているとのこと。たしかにそれらのツールは生産性を高め、関係者間のコミュニケーションミスを減らすために役立ちそうでした。

その一方、やや画一的なプロセスにとらわれがちで、顧客の要望を自社の標準デザインや統一プロセスに寄せていくような雰囲気も感じました。1時間半くらいお話しして可もなく不可もなくだったので、現地調査をお願いしました。

B社での個別相談

工務店からリフォーム会社に鞍替えした感じの小さな会社で、スケルトン・リノベをした客なら、その後はごく小さな仕事も引き受けているとのこと。

応対してくださったのは10年この会社に在籍しているという中堅の営業担当（兼プロジェクトマネージャー）。急ぐなら数カ月後には工事が完了して入居できると言われ、ややこちらの希望とは違う工事をイメージされているようにも思えました。所要1時間。とりあえず現地調査を依頼。

C社での個別相談

かなり大きめでおしゃれなオフィス。応対してくださったのは窓口対応（か営業）の担当者。自社サイトに載っている事例を画面で示しながら、これは何カ月かかった、これは施主さんがデザインした、などと説明してもらえました。

個別プロジェクトにも詳しいし、自宅物件の住所を伝えておいたら、先方で間取り図を入手されていてびっくり。しかも相談に行ったその日の夜に「こんな感じの間取りはいかがですか？」という提案をメールで送ってこられました。担当者がしっかりしており好印象。併設のモデルルーム見学も含め2時間半！　現地調査を依頼。

D社での個別相談

ここもかなり大きく、とてもハイセンスなオフィス。個別相談の担当者が対応してくださり、現地調査とそれに基づく初期提案に3万円かかると言われました。私はここで初めて、初期提案が有料の会社があるのだと知りました。

そのほか、「リノベ後に写真をウェブサイトに載せていいなら○%引き、オープンルームにすることを許可してくれるならさらに○%引き、最初の提案のあと10日以内にうちに決めてもらえたら○%引き」など細かいルールを説明されました。

ちなみにここは個別相談に行かないとパンフレットももらえません。徹底的に冷やかしの客を排除している様子で、経営のしくみとしては大変興味がもてました。

施工事例のデザインはとてもすてきでしたが「最初の提案後すぐに申し込んだら○%引き」という制度と、客を値踏みするような担当者の態度が気になって、ここで終わりにしました。数百万円を超える高額契約で意思決定を急がせるというのは、顧客の利益尊重とは明らかに反するしくみだからです。所要1時間。

E社での個別相談

行くまで理解してなかったのですが、ここは設計事務所でした。工事の契約は別途、工務店と結ぶことになると言われて初めて気がつきました。一級建築士で営業担当、プロジェクトマネージャーも務めるという担当者が対応。というか、全体でも10人以下の会社なので「1人で全部やっています」という感じ。

間取り図を見せるやいなや「こんな感じにしたら」といろいろな提案があり、非常に楽しくお話しできました。今までのなかでもっとも専門的な話が聞け、かつ、スケルトン・リノベでもできないことはたくさんある、と初めて聞かされました（ここまでは「スケルトンにすればなんでもできます」みたいな話しか聞いていませんでした）。

1時間半ほど話し、大変参考になったし候補としては残しておきたい会社でしたが、現地調査と初期提案が5万円と有料だったので一時保留に。

F社での個別相談

モデルルームがすごくすてきで、個別相談に行くまでは第1希望に近い会社でした。でも対応してくれた営業担当者からは「うちは1000万円以下の仕事はしません」「予算よりデザイン的に質の高い仕事をしたい」などと言われ、「お金に余裕がないならほかをご検討ください」「デザインにお金を払いたくない客はお断り」的な態度があらわでした。

こんな会社に頼みたいとは思えなかったので、この時点で終わりにしましたが、私がこの会社を断ったのではなく、実質的には私が断られたのだと感じたほどです。「全身ユニクロ」

みたいな格好で出かけたので、あまりお金も持っておらず、デザインにも興味のなさそうな客だと思われたのかもしれません。

G社での個別相談

設計士が個人経営する小さな会社ですが、設計事務所ではなく施工（手配）も手配し、契約は一本とのこと。10人以下の会社で、最初に対応してくれたのは一級建築士の社長。IKEAのキッチンや収納家具を使ったコスト削減など、コストとデザインのバランスをとるための合理的な提案も多そうでした。

非常にざっくばらんな会話で、客と業者というより、友達に紹介してもらった建築士と話しているような気になり、いつのまにか2時間近くたっていました。

現地調査をお願いしたら、「調査に行く日に最初のプランを持っていきます」とのこと。個別相談の聞き取りだけでプランを出しますと言われたのは初めてでした。

以上、D社とF社はここで終わり。E社はとても気に入ったけど、現地調査に5万円かかるので保留。残りの4社に現地調査と初期提案をお願いすることになりました。

「最初に会う人」問題

個別相談で感じたのは、「最初に会う人」で決めることのむずかしさです。というのも、この段階で会えるのは必ずしもリノベの担当者ではないからです。先方はこちらの状況をヒアリングしたうえで社内から適切な担当者を割り当ててきます。だから最初の相談で会った人の印象がよくても、設計やプランニングの担当者は「イマイチ合わない人」だったということもありえます。

反対に、この段階でコンタクトをやめたD社とF社はどちらも担当者の態度がヒドかった（と私は感じた）のですが、この2社で会ったのはいずれも設計士ではなく「顧客を振り分けることが仕事の窓口担当者」でした。もし最初から設計を担当してくれる人と会えていたら、異なる結論になったかもしれません。

リノベ会社には、「設計を担当する建築士」「工事を統括するプロジェクト管理、施工管理の担当者」「営業担当者」「相談窓口の担当者」などがいます。

設計事務所や小さなリノベ会社の場合、最初から設計士の方が出てこられ、設計や工事の内容についてかなり突っ込んだ話が聞けます。また、最初から「ここに頼めばこの人が担当になるのね」とわかります。

一方、それなりの規模の会社になると、窓口対応専任の担当者が出てきます。彼らの役割は最初の相談に応じることだけなので、実際のプロジェクトをどんな人が担当してくれるのか、この段階ではまったくわかりません。

このように出てくる人の職種が会社によって違うため、個別相談で各社を比較するのがむずかしいのですが、大事なのは現地調査や提案プランの説明を受ける際に会える設計士やプロジェクトマネージャーなので、選ぶ際にはこの役割の人で比較するのがよいでしょう。

ちなみにあとから振り返ると、個別相談に長時間かかった会社は結果として好印象でした。断ったD社とF社はどちらも1時間ほどで相談が終わっています。これは先方が設計担当ではなく突っ込んだ話ができなかったのと、「話していて楽しくなかったから」でしょう。

つまりはこれが「相性」というものかもしれません。話がはずまない人と大きなプロジェクトをやるのは不安も残ります。あとからリノベ会社を選ぶときの参考にもなるので、みなさんにはぜひ**「個別相談にかかった時間」も記録しておく**ことをお勧めします。

有料、それとも無料？ 初期提案のプライシング

相談に行った7社のうちD社とE社の2社からは、現地調査と初期提案が有料と言われました。あとから知ったことですが、このプロセスにはかなりのコストがかかります。なので今なら数万円の料金が高いとは思いません。

しかし無料でやるという会社もたくさんあるため、順番としてはそちらから先に依頼することになります。特にE社はとてもいい感じだったのに、これが理由で候補から外れてしまい、やや複雑な気持ちです。

有料だったもう1社（D社）は大きな不動産会社だったので、金銭的な問題というより冷やかし客やブレインピック（専門家が考えたノウハウを無料で獲得しようとする行為）を避けたいというのと、サービスやノウハウにお金を払わない客とは仕事をしたくない、という意思表示だと思います。

こういった、業者側が客側をスクリーニングする（客を選ぶ）という発想は、他社でもときどき感じました。つまり個別相談の場は顧客が業者を評価するための機会であると同時に、業者が相手を「取引したい顧客かどうか」見極める機会でもあるのです。

あと、個別相談では「どこと比べているか?」「何社を競わせているか?」を気にするところもありました。これには「数社です」と答え、具体的な社名は開示しませんでした。

スケルトン・リノベともなれば、複数の企業から見積もりをとるのは当然のことで、それ自体は隠す必要もないし、業者側も当然と考えています。しかし**個別企業名を明かすと、その会社を仮想競合に設定した営業トークが始まってしまいます**。

それは私の望むことではなく（＝競合との差異の説明ではなく）顧客のニーズだけにフォーカスしてほしかったので、どこの会社で話をするときにも他社名は出さないと決めていました。

個別相談時に伝えたリノベの理由と要望

こうして4つの会社に自宅まで現地調査に来てもらうことになったのですが、その前に個別相談の際に私のほうから話した「リノベの希望」についてまとめておきましょう。

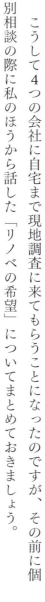

①老朽化した設備を取りかえたい

ユニットバスやトイレ、キッチンや給湯器など主な設備の大半を新築時から20年余りも変えておらず、どれも老朽化しています。古いので省エネ性能も低いし、最新機器では常識の便利機能もついていません。それらをリノベで一気に取りかえたいと伝えました。

②二重窓にし断熱もやり直したい

冬の室内気温の低さに辟易していたので、すべての窓を二重窓にし、断熱もやり直したいとお願いしました。内装のすてきさより断熱性能の向上のほうが（私にとっては）優先順位が高いということも、はっきり伝えました。

③仕事スペースを確保したい

新築購入時は多忙な会社員で、家には寝るために戻ってくるだけ。でも今は独立してフリーランス。自宅で仕事をする時間も増えたので、仕事道具や書類をキレイに収められ、パソコン作業に使えるスペースを確保したいと伝えました。

ネット経由で会議をすることも増え、背景に映る壁があまりに〝自宅っぽい〟ことも気になっていたので、どこかの壁をオフィス風にしたいこと、今までは駅前のカフェを打合せ場所として使っていたけれど、できれば自宅内に打合せ場所がほしいことも伝えました。

たかだか60平米のマンションでここまで求めるのはどうかとも思いましたが、この段階では「とりあえずすべての希望を伝えておこう」と考えたためです。

④ワンルーム的な部屋にし ドアではなく内装で区切りたい

ファミリータイプの一般的な間取りには廊下やドアが多すぎ、ひとり暮らしには無駄が多かったので「廊下は不要。ドアも最小限に」と依頼しました。家の中に「ものすごく寒い（暑い）場所」を作りたくなかったので、引き戸のみで各スペースをつないで準ワンルーム的な間取りとし、各スペースは内装の違いで区分したいとも伝えました。

⑤日本的な常識を忘れてほしい

私は大学院に通うため2年間アメリカに住み、欧州へも旅行や出張を繰り返していました。そのなかで、日本より欧米の部屋のほうが好みだと感じることがたくさんありました。

1つは照明です。私は隅々まで明るい部屋が嫌いで、これまでもリビングや居室では蛍光灯を使っていません。欧米の部屋は日本よりはるかに暗く、特にホテルでは天井に照明がついていません。それに慣れてしまうと、明るすぎる部屋は落ち着かないのです。

白い壁紙が多いのも日本の家の特徴ですが、私にはこれも明るすぎました。リノベ前も自分でペンキを塗ったり布を掛けたりして、極力白い壁紙を隠していたほどです。

また、欧米では部屋に入るとき靴を脱ぎません（その床を赤ちゃんがハイハイしていたりします）。

留学中に暮らしていた部屋にも「段差のある玄関」は存在していなかったため、私には「玄関土間は必ずいるもの」という認識もありませんでした。

もっとも気になっていたのがトイレの閉鎖性です。欧米では、トイレは洗面室の中にオープンに設置されている場合が大半です。ドアは洗面室全体で閉めるものであって、〝トイレのドア〟という概念もありません。私にはこれも欧米式のほうが気持ちよく思えました。

⑥地震対策と高齢化対策を

唯一「日本ならでは」で考えたのは地震対策です。防災研究家の友人からのアドバイスは、「いちばん大切なのは最初の一撃（揺れ）でケガをしないこと」でした。大地震が起こると救急車も来ないし、停電や断水がおこって余震も続くので傷の手当もむずかしい。とにかく最初にケガをしないことが大事なのです。

特に、長い時間をすごすベッド周りには気をつけるよう言われました。最近は割れやすいガラスをはめ込んだ室内窓をベッド近くに配するリノベ事例も多いのですが、日本のような地震多発国であんな場所に寝るのは怖すぎます。

また、母が高齢になって体が不自由になるのを見ていた経験から、「洗面台の下をオープンにして車椅子でも使えるように」とか「玄関にも段差を作りたくない」といったリクエストも伝えました。

こうした**「こちらから伝えるべきこと」は個別相談に行く前にある程度、まとめておくほうがいい**と思います。

リノベのポイント

⑲都市部ではリノベ会社の数が多いので「個別相談に行きたいと思える10社」を選ぶことを最初の目標にしましょう。

⑳地方の場合はリノベ会社の営業範囲や事務所の場所を調べ、自分の住むエリアでどれくらい実績があるかも確認しておきましょう。

㉑個別相談には間取り図を持参、希望するリノベ内容も事前にまとめていくとスムーズです。加えて、リノベ会社を選ぶために必要な質問も考えていきましょう。

㉒希望イメージを伝えるには画像が役立ちます。好みのインテリアに加え、嫌いなインテリアの写真もスマホに集めておきましょう。

㉓個別相談の直後に、各社の担当者の印象、話した内容や時間をメモっておくと、あとから比較する際に参考になります。

第7章

現地調査が始まった！

４社に現地調査を依頼する際に気をつけたのは、**各社が現地調査に来る日をバラけさせない**ということです。

というのも、現地調査が終われば次は各社から提案プランが出てくるのですが、ここで１社だけを先行させてしまうと、その会社からはなんども提案を受けているのに、比較している他社からの案は来週まで出てこない、といった状況に陥るからです。それでは横並びでの比較がむずかしくなるので、私はすべての個別相談が終わったあと、一斉に各社と現地調査のスケジューリングを始めました（**図表９**）。

詳細なリノベ希望の伝え方

現地調査を申しこむと、詳しいリノベ希望を聞きとるための調査フォームを送ってくる会社もありました。そこには、キッチンはL字型がよいかI字型がよいかとか、床には無垢材を使いたいか否か、洗面台はどういうタイプがいいか（イラストで選ぶ）など、さまざまな質問が書いてあります。求めるリノベ内容を自分で言語化するのがむずかしい人にとっては過不足なく希望が伝えられるよい方法だと思います。

ただ、私の場合は文章だけでなく希望のインテリア写真なども多数貼りつけたＡ４で14ペ

［図表９］　現地調査のスケジューリング

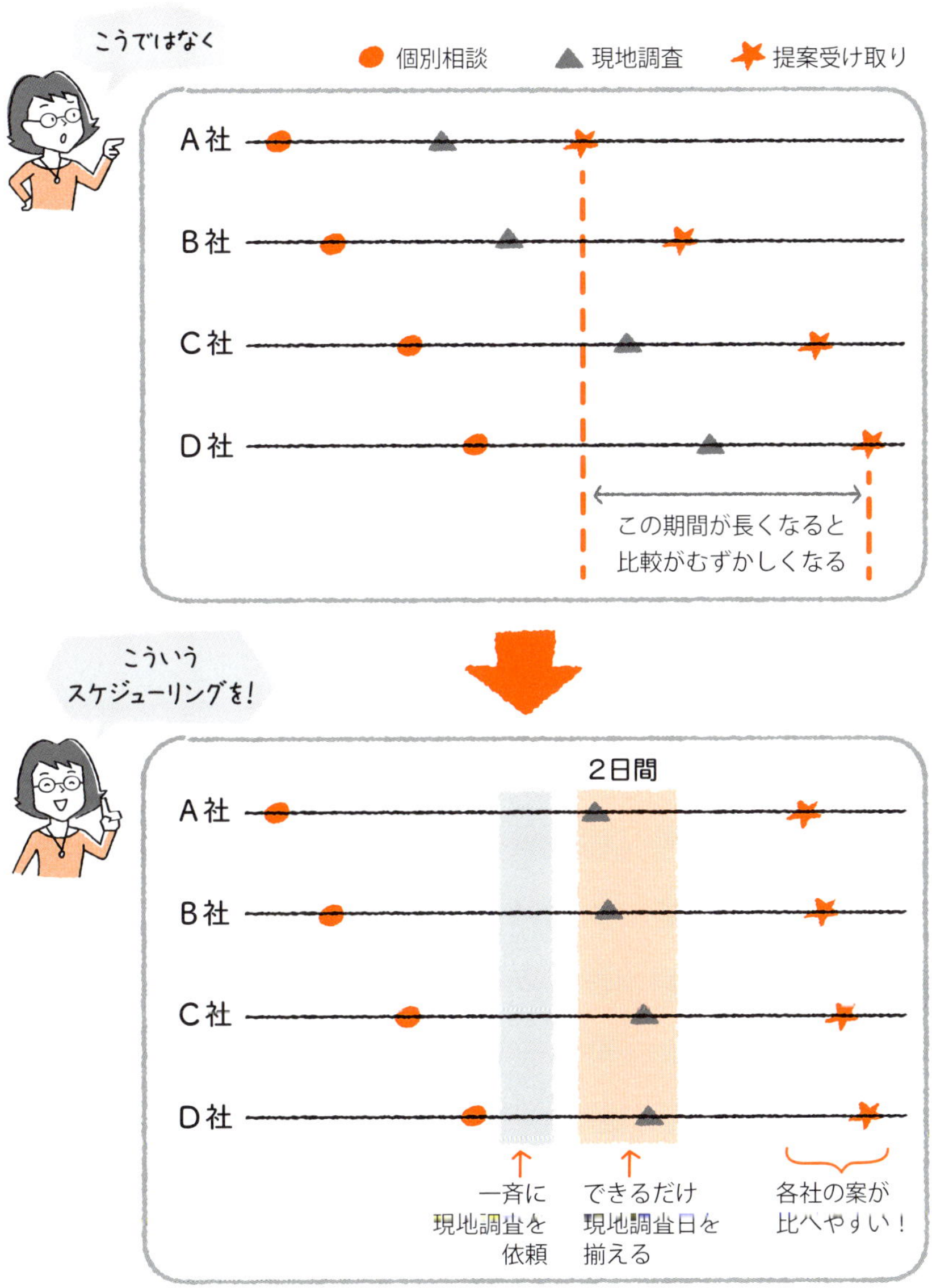

ージものリノベ要望書を自分で作り、現地調査の数日前に各社にメールしました。その主目的はリノベ希望の伝達でしたが、ほかにも目的がありました。

1つは私がどういうタイプの客（人）なのか理解してもらうためです。リノベをする人のなかにも、ざっくり大枠だけ決めてあとは任せたいという人もいれば、細かくあれこれ指定したい人もいます。オリジナルの要望書を送れば、先方にそのあたりのレベル感を理解してもらえそうだと思ったのです。

また各社を比較するにあたり、提供する情報レベルをそろえたほうがフェアだとも考えました。どこの会社も客のニーズを正確に把握すればするほど質の高い提案ができます。でも、4社それぞれに同じ説明を繰り返すのは口頭ではむずかしいし面倒でさえあります。ニーズを聞きとる人（顧客担当や営業担当）とプランを考える人（設計者）は別という会社もあり、その間で情報が漏れ落ちてしまいそうだったので文書にまとめました。

さらに私は文筆家ということもあり、なにかを伝えるときは口頭やＬＩＮＥのような短文ではなく、一定量の文章を書いて伝えます。なので、一緒に仕事をする人にはそれなりの量の文章をちゃんと読んでくれる人が望ましいと考えていました。だからあえて長い文章を書いて希望を伝えたのですが、反対にリノベ会社の担当者とはＬＩＮＥで気軽にやりとりしたいというなら、それが可能か聞いてみればよいでしょう。

現地調査ってなにするの？

次は現地調査のときの様子です（来訪順）。文中に一級建築士、二級建築士という言葉がでてきますが、前者はタワーマンションからオリンピック競技場まで「設計する建物に制限がない」国家資格で、後者は主に住宅を設計する人に求められる資格です。マンションのリノベ設計であればいずれでもよく、資格の違いよりはむしろ「中古マンションのリノベの設計・施工の経験がどれくらい豊富か」ということのほうが重要だと思います。

B社の現地調査

個別相談のときに話した営業担当者と、一級建築士の設計担当者が来られました。全体で1時間半。到着直後から家中をメジャーや測定器で計測。お風呂の上にある点検口やベランダの給湯器、排気の位置などを確認。あとはあらゆる部分の写真を撮影。クロゼットの中や靴箱の中まで（もちろん私の許可を得て）写していかれました。

調査時間の大半は部屋の測定や写真撮影で、生活スタイルなどの確認はごくわずかでした。この点はちょっと不思議な気がしました。いま住んでいるマンションをリノベーションするのだから、寸法を測るだけでなく施主の生活についてもっと興味を持ち、提案に活かせばいいのにという気がしたのです。

でも、これはあとから現地調査に来たほかの会社もみな同じでした。おそらく計測にかなりの時間がかかるため余裕がないのと、この段階であまり客のプライバシーにつっこむのはよくないと思われているのかもしれません。

C社の現地調査

新たに担当になったという二級建築士の方を含め、3人で訪問されました。建築士の方は全体の構造を確認。ほかの2人があちこちの寸法を測り、写真を撮っていかれました。1人はあとから管理人事務所を訪れ、竣工図（設計図）の写真もデジカメで撮影されました。

建築士の方は私が送った長い資料を読んでおられ、生活動線などに少しは興味もあるようでしたが、その部分は最低限。やはりメインの興味はマンションの構造の把握です。今の段階ではそこがいちばん大事だということなのでしょう。

1つ驚いたのは、個別相談で2時間以上もお話しし、これまで何度も連絡をとっていた方が来られず、いきなり担当から外れられたことです。担当者の変更ってこんな簡単に起こるのねとびっくりしました。

Ａ社の現地調査

3人でいらっしゃいました。1人は個別相談でお会いした担当者。この方はほとんどなにもせず、私の説明を聞いていらっしゃいました。設計士を含むほかの2人が寸法を測り、写真を撮影。後日、管理人事務所の竣工図もコピーされたようです。

ここは担当者の方が、私が「ちきりん」だということに気づかれたようで、「会社でそうじゃないかという話になりました」と言われました。そんな人が家中の写真を撮影しているのだと思うとちょっと怖くも感じ、その話はあまり続けませんでした。また、このことが今後の提案になにか影響を与えるのかもやや気になりました。

あとみんなすごく若く、もしかすると全員20代だったかもしれません。みなさん礼儀正しくしっかりされてはいましたが、「この会社、なんでみんなこんな若いの？」とは思いました。

Ｇ社の現地調査

事前相談のときに社長と一緒に応対してくださった方と、初めて会う二級建築士の方の2人で来られ、同じようにあちこち測定して撮影。個別相談の時に話した希望にあわせてイラスト風の提案間取り図を持って来られており、それをもとにいろいろな話をしました。4社のなかで唯一「マンションの構造とサイズ」だけではなく「私の生活」を理解しようとする態度が見えた会社です。

また、最初の提案を聞く場所について他社はすべて先方のオフィスでということになりましたが、G社のみ「間取りは現地で話したほうがいろいろな検討ができるので次回もこちらに伺います」と言っていただけました。

次にお会いする日程もその場で決まりました。他社は「いったん戻ってから次の日程をメールで相談」なのになぜG社だけこの場で日程が決められるのかといえば、会社が小さく、ほかと日程調整をする必要もないからでしょう。ヒマといっては失礼ですが、時間がたっぷりあっていろいろ親身に相談にのってもらえそうだと思えました。

ただ、二重窓の話が出たとき、本来変えてはいけないはずの窓の取っ手（クレセント）について「こんなの切っちゃったりするんです」と言われたのは「えっ！」という感じでした。もちろん変えても誰も気づかないでしょうが、最初からそんなことを言うのはちょっとどうなのって感じです。


以上、この時点ではC社とG社が一歩リードというところです。そしてこのあと現地調査から2〜3週間で、各社から最初の提案が出てきます。どこも2パターンの間取り図と概算の見積書を作成、1時間ほどかけて説明してくださいました。

最初に書いたように、私はここまで一切お金を払っていません。しかも初回提案のあと、各社ともプランを修正し、２回目の提案まで無料で作ってくれます。大きなプロジェクトとはいえ、営業活動のためにここまで無料でおこなうのは相当に大きな負担でしょう。

こうして各社から提案された間取りは一長一短で、この頃の私は毎晩多くの間取り図をひろげ、それぞれの提案を比べたり、いいとこ取りでオリジナルのよい案が作れないかと思案していました。また、私のリクエストが多すぎてみなさん苦労されており、もっと優先順位を明確にした資料を送ればよかったとも思いました。

見積もりも提案プランも判断基準にはならない

さて、いよいよ「どこにお願いするか」を決めなくてはなりません。『自分のアタマで考えよう』（ダイヤモンド社　２０１１年）にも書いたとおり、意思決定には「判断基準」と「情報」が必要です。「情報」は各社とのかかわりのなかで得られますが、判断基準は自分で考える必要があります。

今回のリノベ会社選択における私の判断基準は、**「向こう半年、１０００万円規模のプロジェクトを一緒に進めていくパートナーとして不安はないか。ともに働きたいと思え、問題が起こっても協力して解決していけそうな人や会社か」**ということでした。

この段階では共同プロジェクト型の取引だと明確に意識できていたわけではありません。でもスケルトンでのリノベはものすごく複雑なプロジェクトなので、途中で予期せぬ問題が起こることは（どこに頼もうと）明らかでした。なので、最初から「問題が少なそうな会社」ではなく「一緒に問題解決を進めていくパートナーとして信頼できる人や会社」を選びたいと考えたのです。

ちなみに私はなんであれ「問題が起こること」をあまり深刻に捉えていません。だって問題は（仕事だろうと個人生活だろうとリノベだろうと）必ず起こります。だから大事なのは、問題が起こったときに「うまく解決できるか」「解決のプロセスが合理的で納得性の高いものになりそうか」のほうです。

別の言い方をすれば、私には提案された間取りや見積もり額で依頼会社を選ぶつもりはまったくありませんでした。個別相談や現地調査、提案を受ける機会を通してずっと考えていたのは、「この会社やこの人と一緒にプロジェクトを進めたらどんな感じになるだろう？」ということであり、特に「大きなトラブルが起こったとき、この人やこの会社はどんな対応をしそうかな？」ということだったのです。

ガス温水式ミストサウナが分かれ道！

各社からの話が大きく異なり、驚いたこともありました。それは「お風呂にガス温水式のミストサウナをつけたい」という要望についてです。これに対する4社の回答は次のようなものでした。

B社　「ガス温水式のミストサウナはつけられません。なので電気式で」

G社　言及なし

A社　「ガス温水式のミストサウナをつけるには、外壁にあいた穴に必要なパイプが通るかどうかの確認が必要。穴が小さい場合、それを拡大するには管理組合の了解が必要でかなり大変。給湯器を外してみないとわからない」

C社　「ガス温水式のミストサウナをつけるには、外壁の穴に必要なパイプが通るかどうかの確認が必要。東京ガスに問い合わせたら『通るんじゃないか』と言われたが、最終的には給湯器を外して穴の大きさを確認しないと判断できない」

［写真7］　給湯器の裏（室内）側の壁

写真7-a　この壁の外に給湯器があり、穴から給水管やガス管、追い焚き配管などが引き込まれています。

写真7-b　左写真の管をすべて外したところ。これならミストサウナ用の管も通せます。でもそれは、ここまで解体しないとわからないことなのです。

G社からは言及がなかったので、こちらから聞いてみたところ「なんの問題もありません」とのこと。つまりB社とG社の回答は真逆です。ということは、どちらかは間違っているということです。しかもコレ、もし私が複数社に依頼していなかったらどうなっていたのでしょう？

B社だけに依頼していれば、私はこの段階でガス温水式のミストサウナを諦めていたはずです。反対にG社だけにお願いしていたら、なんの問題意識ももたないまま工事に入り、あとから「やっぱりむずかしい」と言われてがっかりしたかもしれません。

同じようなことはほかでもありました。

二重窓にして断熱をやり直したいと伝えた

ところ、勧められた断熱の方式も大きく異なっていました。「キッチンには魚グリルをつけず、1口だけのガスコンロをつけたい」というリクエストにたいして提案された方法も各社バラバラです。

ここで私が理解したのは、**「一般的でないリクエストをすると回答や対応がばらけ、結果として複数企業の比較が容易になる」**ということでした。定番の対応策がなく、イチから考える必要があるからでしょう。

また、やはりリノベの際には必ず複数の会社に見てもらったほうがいいとも思いました。もちろんリノベ本や雑誌にも「複数の会社から提案をしてもらい、内容をよく比較せよ」と書いてあります。それはそうなのですが、比較すべきは見積もり額や間取り図がどれくらい気に入ったか、という単純な話ではないのだと、あらためてその意味が理解できたのです。

私のリノベ会社選択理由

4社のうち、最初にB社にお断りを伝えました。14枚もの要望書を送ったにもかかわらず、自社が得意とする定番パターンのリノベプランをそのまま提案してきた、という印象が強かったからです。

ミストサウナについても説明もないまま「ガス式はつけられないので電気式にしました」と言われてしまい、ほかの要望についても同じことが起こりそうでした（しかも結果としてガス温水式ミストサウナは無事に設置できています）。

中堅のプロジェクトマネージャーと若い設計士の力関係も気になりました。若い設計士の方は、私より上司であるマネージャーの顔色のほうが気になっている様子だったのです。

次にお断りしたのがA社です。こちらは私の送った要望書を深く読み込み、とても熱心に検討してくださいました。でも会社全体として守るべきルールが多すぎて、担当者レベルではそのルールが変えられないとわかったのでお願いするのを止めました。

いちばん驚いたのは、先方のオフィスで渡された間取り図を持ち帰れないと言われたときです。これには唖然としました。どんな間取りを提案されたか、覚えて帰れというのです。「ほんとに持ち帰れないんですか？　他社に見せたりはしませんけど」と伝えてもダメでした。この段階で私が理解したのは、「いま目の前にいる、我が家のリノベを担当するこの人たちは、自分たちの裁量でこの図面を私に持ち帰らせることができない立場の人たちなのね」ということでした。

A社に関しては、さまざまな面でマニュアル化、プログラム化が進んだ会社だと感じていました。それらは担当者の経験や能力にかかわらず一定のサービス品質を確保するために役立つものばかりで、この時点までは私もそれらをポジティブに捉えていました。けれどさすがに「提案している間取り図を客に持ち帰らせない」のは私の常識では「ありえない」と思え、お断りすることになりました。

ちなみにC社からも「図面は他社に見せないでください」と言われましたが、**私はどの会社からもらった間取り図や見積書も他社には見せていません。それは「客側のマナー」として当然です**。

以前、マーケティングについて企業に助言する仕事をしていましたが、複数の会社から提案書を提出させ、それらを他社に見せる企業にロクな会社はありませんでした。大企業でもそういう呆れるようなことをする会社があるのですが、私自身、そんな客にはなりたくありません。

こうしてA社とのご縁も終わり、最後に残ったのがG社と（最終的に依頼することになった）C社です。ここで決め手になったのは、両社の設計担当者の性格の違いでした。G社の設計士はものすごくおおらかで楽観的、C社の設計士は慎重でやたらと細かいことに気がまわる方と対照的だったからです。

ミストサウナに関してもG社は「なんの問題もないです」の一言だったし、窓の取っ手も邪魔なら切っちゃえばよいと言われたのは前述したとおり。設計図を他社に見せないでと言われることもありませんでした。

一方、C社の担当者は近隣の家からクレームがくると工期が延びるとか、仮住まいを探すとき、治安が悪いところもあるから気をつけたほうがいいなど、「設計士がそんなことまで心配するの？」というほど細かく気のまわる方でした。

ここで私が考えたのは、客と設計士のどちらが慎重で心配しがちなほうがいいか、ということでした。おおらかで楽観的な人と働くのは楽しいですが、客より設計士がおおらかだと、客のほうに「もっと細かく丁寧に設計・施工してほしい」という不満が出がちです。むしろ、客が「そこまでこだわらなくていいのに」と思うくらい慎重かつ細かい性格の設計士のほうがうまくいくように思えました。

またG社はＩＫＥＡの家具を多用した施工事例が多く、私にもそれらを勧めてくださっていたのですが、よく考えたら私はあまりＩＫＥＡの家具に関心がありません。反対に「ＩＫＥＡ大好き！」という人なら、こういう会社に頼むのは大きなメリットがあるでしょう。

もし（私が今回、最終的にお願いした）C社に、「キッチンから収納具までＩＫＥＡの商品を使いたい」と言ったら、やってはくださったでしょうが、G社ほどスムーズにコトが進んだとは思えません。

ＩＫＥＡは「商品は客が自分でカートに入れて持ち帰り、自分で組み立ててください」という会社です。さすがにキッチンを買えば配送はしてもらえますが、そういう会社の商品を使ってリノベをしたいなら、それらの施工に慣れた会社に依頼するほうが安心です。

業者選びは「絶対基準」で

最後に残ったＣ社ですが、初回は間取り図だけが提示され、２回目に見積もりの説明を聞くことになりました。そしてこの２回目の説明日には、私はすでにほかの３社をすべて断ってしまっていました。

だからといってその時点でＣ社に頼むと決めていたわけでもありません。見積もりの説明になにか大きな問題があれば、Ｃ社もお断りするつもりだったのです。つまり私は最初から「４社のうちいちばんよい＝マシなところに依頼しよう」とは考えていなかったということです。４社間の相対評価で決めるのではなく、**自分が「ここなら大丈夫！」と思える絶対基準を充たす企業にお願いしたかった**。

でも、もう一度いろいろな会社に個別相談を申し込み、現地調査に来てもらうのはかなりめんどくさいことでもありました。だからＣ社の方が説明に来られる日には「頼むから私を失望させないで！」と朝から祈るような気持ちで待っていました。

無事に説明が終わり担当者の方が帰られる際には（そのときはまだこちらの結論は伝えていませんでしたが）、心の中でとても感謝していました。「これでどこにお願いするかが決まった。もう同じプロセスを繰り返さなくていい！」と本当にほっとしたのを覚えています。

なお、もしC社の提案に納得できなかった場合には、事前調査と提案に5万円かかりますと言われた設計事務所に提案をお願いするつもりでした。あとは最初に排除してしまった大手企業系列のリノベ会社や、我が家から少し遠い場所にある会社にも相談してみようと思っていました。

これだけ多くの選択肢があること自体、東京に住んでいるメリットではありますが、それでも最終的な依頼企業を決めるのは簡単ではありません。数十社から選んだ7社に相談に行き、そのうち4社に提案をしてもらい、依頼できると思ったのはC社だけです。私の絞り込み基準に問題があったのかもしれませんが、ここまでの会社数を比較しないと納得できる業者を見つけられないのかと驚きました。

もちろん予算20万円で収納棚を作りつけるだけなら、要求はここまで高くないし、100万円でシステムキッチンを入れかえるだけでも、今回断った3社にお願いするのに躊躇はありません。

でも、1000万円近くかけて家中すべてゼロから作り直すプロジェクトパートナーを選ぶのだと考えると、(私の場合は)やはりこれくらい慎重になる必要がありました。

ときどき「雑誌に載っていた施工事例が気に入って(他社と比べることなく)すぐに○○社に依頼し、すべてうまくいって大満足！」というリノベ体験談を読むことがあります。

疑り深い私には「他社と比べられたくない会社側の眉唾宣伝体験談なんじゃないの？」とも思えるし、その一方、1社しか知らなければ、それはそれでハッピーなのかもねとも思います。このあたり、結婚相手選びや就職先選びとまったく同じなのかもしれません(↑完全に余談ですね。すみません……)。

複数企業にプラン提案を依頼すべき理由

冗談はさておき私としては、いくら個別相談の段階でものすごく信頼できる担当者や会社と出会えたとしても「一定規模以上のリノベをする場合は複数企業に提案をお願いすべきだ」と思います。それは、各社を競わせて値段を下げるためではなく、**いろいろな人に提案してもらい、質問し、説明してもらううちにどんどんリノベに関する理解が深まるから**です。

複数社から提案をしてもらえば、間取りについても工法についても、また、内装アイデアについても、さまざまな案を検討できるようになります。最終的にお願いする1社以外にはお金を払わないので申し訳ない気もしますが、お金をとる、とらないは先方の判断なので気にしなくてもよいでしょう。ただ、マナーに反することは慎むべきで、図面を他社に見せたり、気に入った図面を各社に提示してコストだけを競わせたりするのは論外です。

また、今回はお断りした3社すべてから理由を教えてほしいと言われたので、かなり詳細に、どういう理由でお願いできなかったかを説明しました。我が家のリノベのために労力を費やしてくださった方々へのせめてもの御礼です。

ちなみに、お断りした3社から初回提案料の請求書が届けば、私は躊躇なく料金を払ったでしょう。終わってみれば、十分にそれだけの仕事はしていただけたと感じるからです。

以前、あるアパレルの通販会社が「配送料はお客様が決めてください。ゼロでもいいです」というキャンペーンをやっていましたが、同じように「初回提案料は最後にお客様が決めてください。ゼロでもいいです」というシステムはどうでしょう？　もしそうだったら私はG社に3万円、A社とB社には2万円を払ったと思います。マーケットの評価が明確になる、おもしろい方法では？

㉔各社の提案を同じタイミングで比較できるよう、現地調査に来てもらう日はできるだけそろえましょう。

㉕提案プランに反映してほしい要望は全社に同じように伝えましょう。その要望に対する先方の「理解度」がリノベ会社選びの判断材料になります。また、要望が多い場合は優先順位も明確に。

㉖特殊なリクエストをすると各社の対応の違いが際立ち、比較が容易になります。むずかしいかもと思えるリクエストでも、この目的のために伝えてみる価値があります。

㉗間取り図や見積書の単純比較ではなく、「この会社（担当者）と何カ月もの複雑なプロジェクトを進めていけそうか」という視点で比較しましょう。

第8章

理想のキッチンを手に入れよう

依頼する会社が決まると、申込書にサインして数万円の申込金を払い、詳細設計の打合せが始まります。各社とも次のような標準プロセスを設けているので、これに沿って週に一度、もしくは1カ月に数回といった頻度で打合せをします。

［詳細設計のステップ］

① 間取りの決定
② 住宅設備（ユニットバス、キッチン、トイレ、洗面台など）の選択
③ 床材や壁紙の選択
④ 照明やコンセントの位置など詳細の決定

住宅設備や床材、壁材はカタログで選ぶ場合もあれば、ショールームで決める場合もあり、リノベ会社の担当者が同行してくれることもあります。トイレやお風呂にはマンションにはつけられない商品（一戸建て専用の商品）もあるし、床材も施工のむずかしい商品があるので、1人でショールームに行ってもわからないことがたくさんあるからです。なお土日のショールームは相当に混んでいるので覚悟しておきましょう。

私はショールームが大好きだったので、最初はあちこちを1人で訪れ、アイデアを膨らませました。その後、資材を最終決定する際には設計士の方と一緒にもう一度訪れました。

［写真８］　サンプル壁紙と床材

写真8-a　メーカーのショールームでもらってきた壁紙やフロアタイルのサンプル。個性的な柄もたくさんあって楽しい！

写真8-b　こちらは床材サンプル。既存の床の上に置いて比較すると幅や色味の違いがよくわかります。

もちろん細かいものはカタログを見せてもらい、そのなかから選んでいきます。**写真8**はメーカーからもらってきた壁紙や床材のサンプルで、こうしてあれこれ組み合わせを検討しました。

魚焼きグリルや3口《みつくち》コンロより広い調理台がほしい

設備選びのなかでもっともむずかしかったのがキッチンです。これまではごく一般的なシステムキッチンを使っていました。L字型カウンターに3口のガスコンロ、魚焼きグリル、食器洗浄機、浄水器がついて水栓は蛇腹が引き出せるシャワー水栓。でもそれらは私にとって、けっして「使いやすいキッチン」ではなかったのです。

システムキッチンはシンク、調理台、コンロという3つのスペースに分かれますが、なにより不満だったのが調理台スペースの狭さでした。シンク上に渡して使えるまな板や洗いカゴといった便利グッズがたくさん売られているのも、多くの人が「調理台が狭すぎて、それらを置く場所がない」と感じているからでしょう。

ところがメーカーのショールームでは「コンロはどれにしますか？」「シンクはどれに？」とは聞かれるものの、「調理台の幅は何センチにしますか？」とは聞かれません。調理台の

［写真9］　キッチンのビフォー・アフター

写真9-a　一見広く見えますが、調理スペースには電気ポットや電子レンジ、水切りカゴが置かれていて手狭でした。

使いやすい場所に収納できなかったため、フライパンのフタやザルはコンロ回りに吊していましたが、油が飛んで汚れるため手入れも面倒でした。

↓

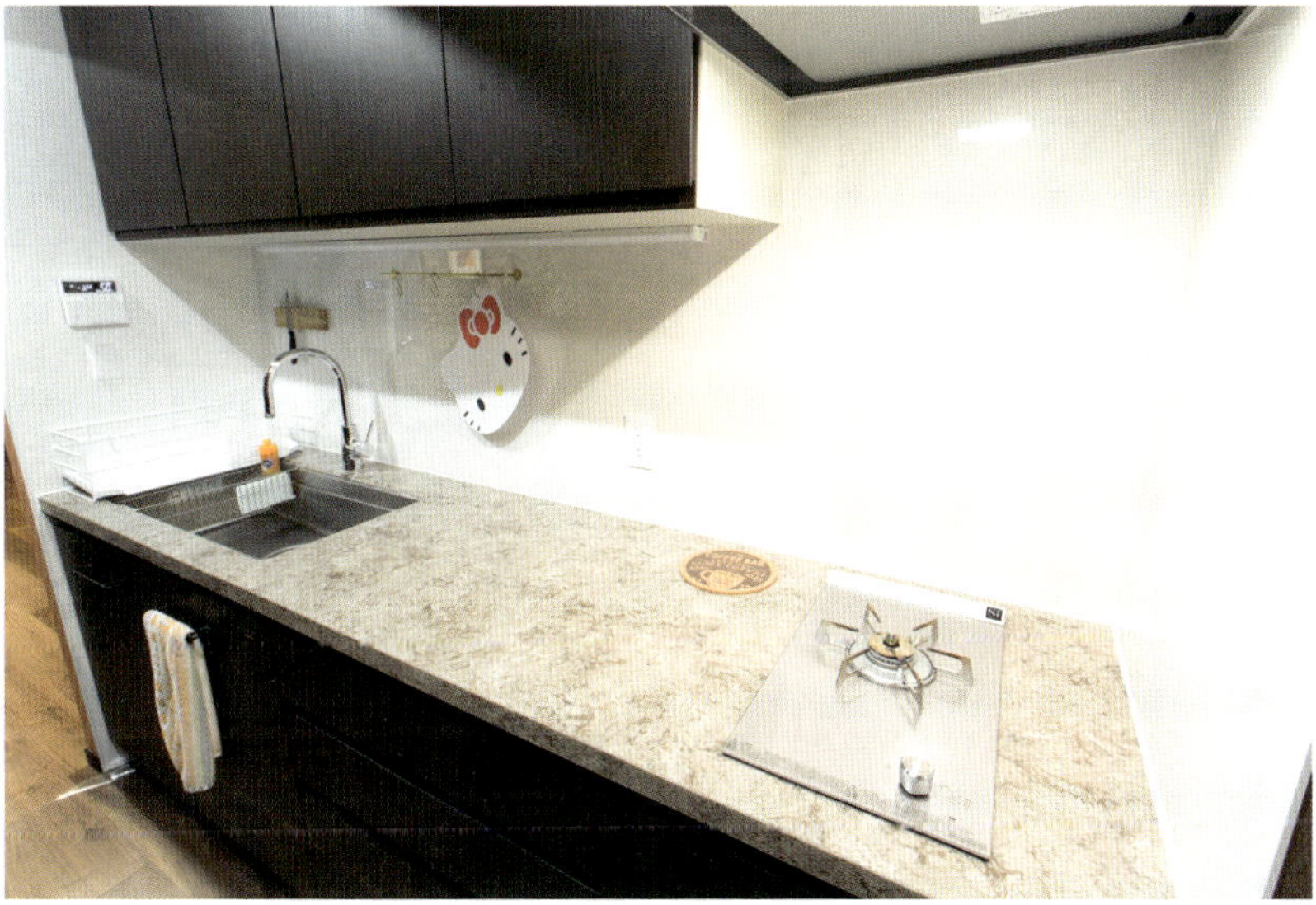

写真9-b　調理台の幅は1メートル以上！　（キッチン全体の幅は2.4メートル）
収納スペースを多めに確保し、乾かすために外に出しておきたい包丁とまな板、水切りカゴ以外はすべて収納できるようにしました（写真12-a参照）。

幅は「キッチン全体の幅－コンロとシンクの幅」という引き算で決まってしまうのです。

一般的に調理台は最低でも45センチ、できれば60センチ幅を確保したいといわれています。でも私はもっと広いスペースがほしかった。そこで思い切って選んだのが1口《ひとくち》コンロです。

土鍋でご飯を炊きつつ煮込み料理を作り、かつ炒めものを同時並行で作る人なら3口コンロが必要でしょう。でも私の場合、お湯を沸かすのは電気ポット、野菜の下ごしらえは電子レンジ、魚や肉料理にはコンベクションオーブンを愛用しています。さらにホットクックのような自動調理器の登場で、カレーやブリ大根などの煮込み料理にもコンロが不要になりました。子供のため頻繁に唐揚げを作る家庭も、電気フライヤーを使うほうが簡単かつ安全。今やコンロのほうが美味しく作りやすいのは炒めものだけなのです。

しかもコンロは（いくら自動消火機能がついていても）使用中に目を離すことができません。複数の家事を同時にこなすことの多い私には、この点でもコンロより電気調理器が便利です。持ち運べる卓上型のＩＨコンロやインスタ映えする電気調理器も増えており、必要なときはそれらを使えばいい。そう割り切り、コンロを1口かつ魚焼きグリルなしの小さなものにして1メートル以上の調理台幅を確保。結果、ものすごく調理しやすいキッチンになりました（**写真9**）。

それだけではありません。**写真10**は以前のコンロと新しいコンロの写真ですが、掃除の必

［写真10］ コンロのビフォー・アフター

写真10-a 長方形の大きな五徳や細かな網目の排気口カバーが（たとえコンロを1つしか使わなくても）飛び散った油ですべて汚れるため掃除が大変でした。

写真10-b リノベ後は小さな五徳が1つと、コンロ台をさっと水拭きするだけ！ 「コンロの掃除」という概念がなくなるほどラクになりました。

要な五徳などのパーツが、比べものにならないくらい減っています。魚焼きグリルをなくしたことでもっとも掃除の大変な排気口カバーもなくなり、お手入れが圧倒的にラクになりました。

ちなみに魚焼きグリルは3割近い家庭で使われていないともいわれています。なのに大手メーカーのシステムキッチンには、グリルなしの商品がほとんどありません。しかも彼らは「火加減がむずかしいというお客様の声におこたえし、自動調理機能をつけました」と高機能商品の開発に熱心で、グリルはどんどん高額化。これではグリルを使わない人が無駄に払わされるお金が増えるばかりです。

「魚焼きグリルをつけたくない」――私がそう宣言したのは（広い調理スペース確保という目的に加え）キッチンメーカーのカルテル的な販売姿勢に疑問を感じたからです。競争の激しい業界なのに、どこも「うちのシステムキッチンならグリルレスが選べます！」とアピールしないのは、1社がそんなことを始めて他社が追随したら、業界全体としてキッチンの単価が下がってしまうからかもしれません。

なお**写真10-b**の1口コンロは高火力でスタイリッシュな（高価な）ものですが、賃貸物件用キッチンのコンロの中には、1口、もしくは2口でずっと安いものも存在します。コンロの数が多すぎると思っている人はぜひいろいろ検討してみてください。

調理家電がすべて収まり、ブレーカーの落ちない家電棚を

余計な機能をてんこ盛りにする一方、必要なものを置く場所が想定されていないのも問題です。最近は便利な調理家電が山ほどあるのに、それらを置く場所がまったく足りません。また、熱を出す調理家電は電力消費量が大きいため、１つのコンセントに複数の機器をつなぐと、すぐにブレーカーが落ちてしまいます。

今回は使いたい調理家電がすべて置け、かつ「こんなに専用配線の多い家はありません」と笑われながらも「炊飯器とホットクックを同時に使用してもブレーカーが落ちないように」とか「トースターと電気ポットのコンセントは必ず別配線に」など細かくリクエストしました（**写真11**）。

既存キッチンは、洗った食器を入れる水切りカゴを置く場所も想定されていません。水切りカゴを上部棚に設けたキッチンもありますが、あれを使うと、濡れた手の水が腕に伝わり、袖口がビショビショになります（**図表10**）。シンクの中に水切りカゴを設置するタイプも洗剤が飛び散って使い勝手がよくない。なぜ最初からシンク脇に水切りカゴを置くスペースを設

［写真11］　セミオーダーの家電収納棚

写真11-a　中段のオープンスペースに3つ、下段左の棚に2つと標準の倍以上のコンセントをつけてもらった家電収納棚。
すべて専用配線のため、調理家電を同時使用してもブレーカーが落ちません。

↓

写真11-b　家電配置後。タワー型の収納棚とは異なり、必要な家電すべてが手の届きやすい高さに配置できました。後ろにコンセントがあるので電源コードも見えずスッキリ！
収納棚全景（写真左）。食器を収納する引き出しと分別ゴミ箱置き場つき。

［図表10］　水切りカゴ置き場について

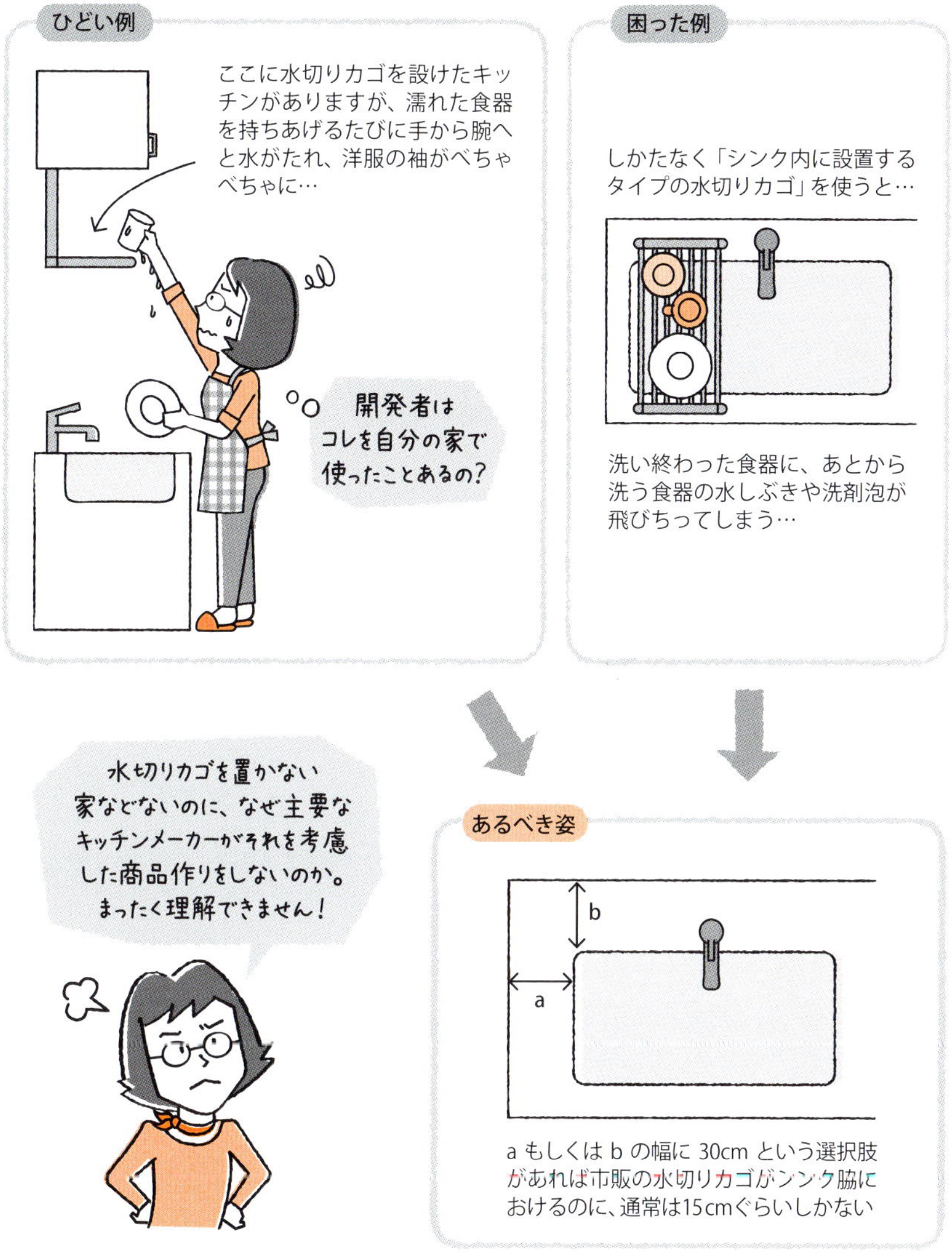

けないのか、不思議でなりません。

もう1つがゴミ箱置き場。これだけゴミの分別が厳しくなっているのに、複数のゴミ箱を置くスペースがありません。リノベ後のキッチンではこれらの置き場所も最初から確保してもらいました（写真12-b）。

冷凍庫も置きたい！
収納も自分好みに！

最近のシステムキッチンでは、シンクやコンロ下の収納が開き扉から引き出し式に変わっています。そのほうが奥に入れたものを取り出しやすいとか、収納量が多いといわれていますが、正直、使い勝手は一長一短です。

開き扉の場合、鍋やフライパンを取り出す際、使わない鍋やフライパンはイチミリも動きません。一方、引き出し収納では使わない鍋やフライパン、調味料などすべてを手前に引き出してから、必要な鍋を取り出すことになります。

当然、そんなことをすると重くてしかたないので、メーカーは「引き出しが軽く動く画期的なスライドレール」の開発に邁進しています。しかしその高機能なスライドレールのため、引き出し式キャビネットの価格は開き戸タイプよりかなり割高です。これではまるで「もと

［写真12］　キッチン収納の工夫

写真12-a　コマメな掃除の苦手な私には、オープン収納や吊し収納より扉の中にしまえるほうがありがたい。
ザルやボウルは調理中にすぐ取れる位置（調理台のすぐ上の棚）に、“重ねずに”収納しました。

写真12-b　分別用のゴミ箱置き場。ナイロンのトートバッグを利用しており、このままマンションのゴミ置き場まで運びます。

もと存在しなかった問題を自分たちで作り出し、それを解決する費用まで客に払わせる」マッチポンプビジネスです。

しかも今やショールームに展示してあるキッチンの大半は引き出し式収納です。なんであれニーズの多様化した時代、なぜここまで画一化が進むのか、不思議でなりません。

ちなみに鍋と異なり、すべてを眺めてから「どれを使おうか」と考えることも多い食器については私も開き戸より引き出し収納のほうが好みです。なので鍋やフライパンは開き戸、食器は引き出しという収納コンビネーションを選びました。

冷蔵庫はリビング側が便利

ところで一般的なマンションはどこも「冷蔵庫の置き場所」が変です。**図表11**を見てください。多くの場合、冷蔵庫はいちばん奥に置くよう設計されています。でも本当は、冷蔵庫は奥ではなくキッチンの入口、リビングやダイニングに近い場所に置くほうが便利です。

なぜなら冷蔵庫にはビールやジュース、アイスクリームやケーキ、それに氷など、調理せず、そのまま飲食するものもたくさん入っているからです。冷蔵庫が奥にあるとジュースを取り出すだけでも、常にキッチンの奥まで入っていかねばなりません。食事中にドレッシングなどを取りに行く際も同じでしょう。

特に、親が火や包丁を使いながら調理している後ろを、子供やほかの家族がカニ歩きでビ

［図表11］　冷蔵庫の置き場所について

"収まり"優先の配置

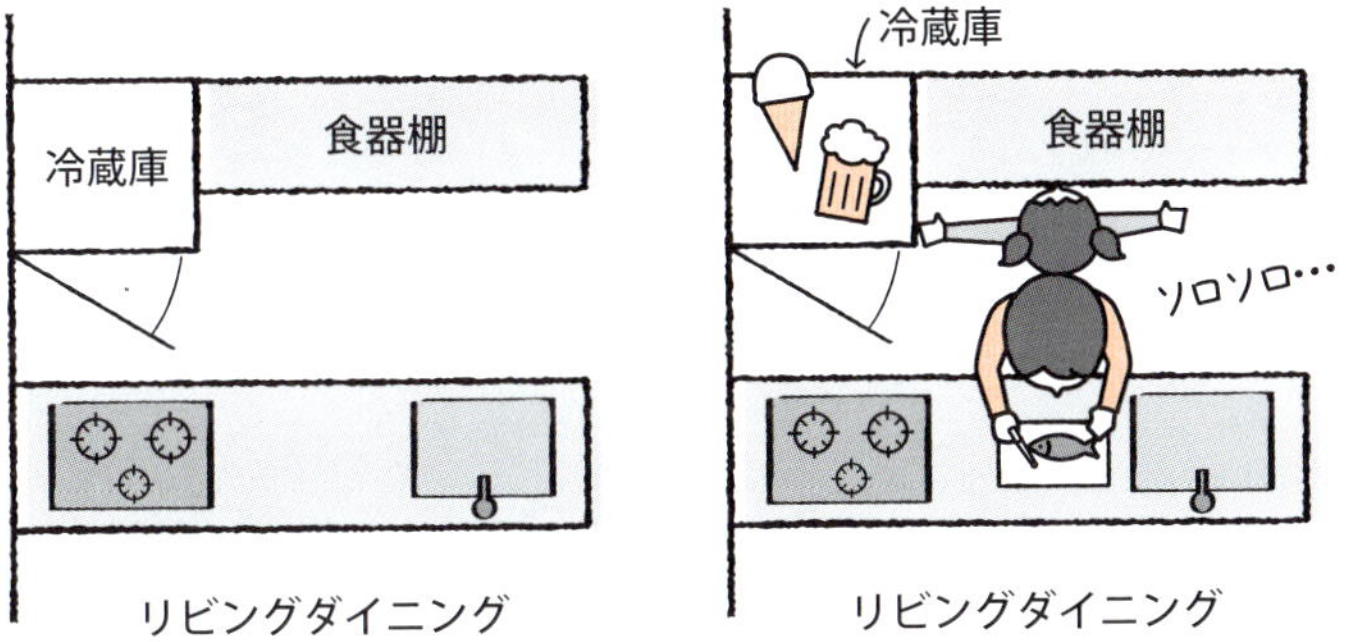

※冷蔵庫の前面を食器棚の前面と揃える場合も多くあります。

"使いがって"優先の配置

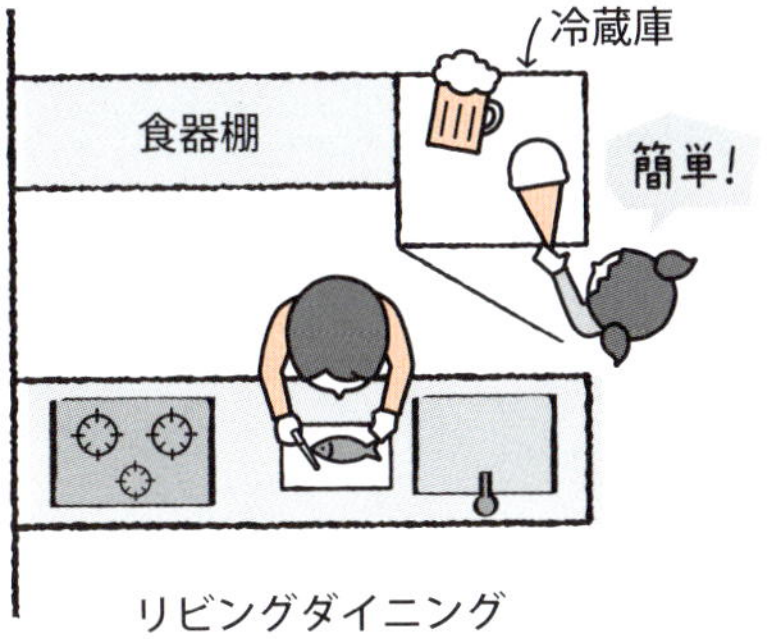

メリット

- 調理しないモノの出し入れがラク
- 野菜など調理するものの多くが冷蔵庫からまずシンクに運ばれるため、動線として、冷蔵庫はコンロ前よりシンク前のほうが合理的

デメリット

- 冷蔵庫の大きさが目立つ

大型冷蔵庫には茶色や黒色の商品も多いのに、中型以下のサイズでは白やグレーなど薄い色の冷蔵庫が大半です。
これも、中型以下はキッチン奥に置かれる白物家電だから、大型はリビング・ダイニングに近い位置に配置される家具系家電だからという発想なのでしょう

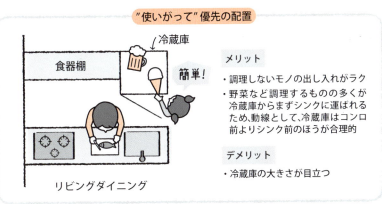

［写真13］　リビング脇の冷蔵庫と冷凍庫

写真13-a　奥がキッチンで手前がソファスペース。その間に冷蔵庫と冷凍庫を設置。

ソファや仕事スペースから飲料を取りに行く際、キッチンの奥まで入りこむ必要がなくなりました。

冷蔵庫も冷凍庫も、もう少し小さいモノがほしかったのですが、小型の製品は白っぽいドアのものしかなく、やむなく大きめのものをチョイス。

写真13-b　冷凍庫を買ったことで、夢だった「コンビニのアイスクリーム売り場を自宅に！」が実現。冷凍ピザや冷凍パンも常備できるようになりました。

つい食べ過ぎてしまうので、ダイエット中の方にはお勧めしません……。

ールやジュースを取りに行くのは危険でさえあります。なのになぜこんな奥に冷蔵庫置き場を作るのでしょう？

理由は、冷蔵庫は奥行きが約70センチと大きく、ものすごく存在感の大きな箱だからです。だから冷蔵庫はキッチンの奥、できれば2つの壁に囲まれたくぼみにはめ込んでしまい、存在感を隠すのが部屋を広く見せるためにベストなのです。もちろん我が家もリノベ前はそうなっていました。

でもリノベ後の間取りでは動線の効率性を優先し、冷蔵庫はキッチンとリビングの間に配置しました。これならソファに座っているときに飲み物やアイスを取りに行くのも簡単です。加えて冷蔵庫のとなりに冷凍庫を置くため、冷蔵庫を囲む壁も作りませんでした（**写真13**）。自宅での冷凍も簡単になった今、冷凍室の容量不足を感じている人はたくさんいるはず。それでも冷凍庫が普及しないのは、ひとえに「そんなもの置く場所がない」からでしょう。でもリビングとの間ならそのスペースも確保できます。

キッチンの選択肢はたくさんある

キッチンに関してはほかにもいろいろな工夫が考えられます。キャラ弁やお菓子など凝った料理をSNSに載せる人なら、料理写真を撮影するためのフォトジェニックなコーナーをキッチン内に作るとか、料理動画が撮影できる小型カメラ（もしくはスマホ）取付具や照明を調理台の真上に取りつけるのもよいでしょう。

ホームパーティや家族全員での調理が多い人なら大きく開放的なキッチンを作ればいいし、反対に、「すべて外食、まったく料理しない」という人ならキッチンは思い切って小型化し、その分のスペースをリビングに回せばいいのです。また、足の悪い高齢者が椅子に座って調理したいなら、調理台の下をオープンにするのもよいでしょう。

住宅設備にはキッチン、ユニットバス、トイレや洗面台などが含まれますが、なかでもキッチンはもっともカスタマイズしがいのある＝リノベ価値の高い場所なのです。

ではそんな、自分の理想とするキッチンはどこで手に入るのか？　キッチンセットを製造・販売している企業はたくさんあります（**図表12**）。

- 大手住宅設備メーカー
- その他の国内メーカー
- 高級オーダーキッチン（国内・海外）メーカー
- 家具・雑貨メーカー

- ＤＩＹグッズや建材の通販企業
- 業務用キッチンメーカーや、その中古品を扱う販売店など

案外たくさんありますよね。とはいえ大半の人は大手住宅設備メーカーのシステムキッチンを選びます。彼らは高価格帯から低価格帯まで幅広い商品ラインをもち、扉やワークトップの色、シンクの素材、コンロや水栓の種類、食洗機や浄水器など多彩な選択肢とオプションを用意しています。一般的なキッチンに不満のない人であれば、あれこれ選べ、予算にも合わせられて便利です。

一方、建築雑誌に載っている豪華な別荘や邸宅のアイランドキッチンの大半は、国内外の高級キッチンメーカーの特注品です。値段は高いですが、インテリアとトータルコーディネートできるなど、美しさは抜群です。

リーズナブルな価格でデザインに凝ったキッチンを提供するメーカーもあります。スタイリッシュなサンワカンパニーのキッチン（写真14－a）や、家具メーカーＩＫＥＡの欧風キッチン（写真14－b）がその代表でしょう。

私が選んだのはウッドワンという「木」の素材が売りのメーカーで、温かみのあるデザインが特徴です。ただしここを選んだ理由はデザインではなく、比較的リーズナブルな値段で「グリルレスのガス1口コンロ選択」に対応してくれたからです。

価格帯	販売ルート	特徴
高価格から低価格まで	卸・リノベ(建築)業者経由	保証・アフターメンテナンスに安心感あり オプション品は多彩だが規定外のオーダーは不可 細部がオーバースペック気味
中価格から低価格	個人販売あり 業者にも個人にも同価格で販売	ミラノサローネ国際家具見本市アワード受賞
高価格から低価格まで	卸・リノベ(建築)業者経由	一部オーダー可能
高価格から中価格		オーダーキッチン
高価格		フルオーダーが可能 リビング・ダイニングのインテリアとキッチンをトータルコーディネート
	代理店・卸、 リノベ(建築)業者経由	納期が長い サイズが大きい アフターサービスに時間がかかる場合もある
中価格から低価格	個人への販売が基本。業者にも個人にも同価格で販売。施工業者は紹介	食器棚や家電棚などキッチン家具とコーディネート可能
		ワークトップはフルオーダー可能。スペースに合わせて組み合わせるのにスキル(慣れ)が必要
	無印でリノベした場合に利用可能。サンワカンパニーでも販売	無印のキッチン家電、雑貨と合うスタイル
低価格	店舗・ネット販売。業者にも個人にも同価格で販売	賃貸物件のリノベをする大家さんなどに人気

このほかに業務用厨房機器メーカーもあります。

［図表12］　キッチンを販売している会社の一例

カテゴリー	名称	デザインの傾向
国内主要メーカー	LIXIL	日本標準
	Panasonic	
	TOTO	
	クリナップ	
	タカラスタンダート	
その他国内メーカー	サンワカンパニー	ステンレス多用のミニマルデザインから和風スタイルまで
	ウッドワン	木材を活かしたデザイン
	システムズヤジマ	ステンレスや木材を使った洗練系
	田中工藝　など	
国内高級メーカー	トーヨーキッチンスタイル	極めてデザイン性が高い欧風デザイン中心
	キッチンハウス	
	クチーナ　など	
海外高級メーカー	ポーゲンポール（ドイツ）	
	クラフトメイド（アメリカ）	
	ユーロモビル（イタリア）　など	
家具・小物メーカー	ニトリ	日本標準
	IKEA	多彩な欧風デザイン
	無印良品　など	ミニマルデザイン
建材のネット通販会社	TOOLBOX　など	ミニマルデザイン

※上記は例でありほかにも多数のメーカーが存在します。全メーカーを網羅した表ではありません。

［写真14］　いろいろなキッチン

写真14-a　シンプルで美しく、値段もリーズナブル（写真提供：サンワカンパニー）

写真14-b
すてきなデザインのヨーロッパ調キッチンがたくさん！
（写真提供：IKEA）

写真14-c　なんとこれで10万円以下！（写真提供：TOOLBOX）

写真14-d　工作キッチンのビフォー・アフター（写真提供：インテリックス空間設計）

最近はニトリもシステムキッチンに力を入れています。家具から雑貨、そして寝具とさまざまなカテゴリーで専門店を駆逐してきたニトリですから、今後はキッチン市場に目を付けているのかもしれません。そのほか家電量販店やホームセンターでもキッチンの展示をよく見るようになりました。

驚くのはTOOLBOXなど通販系の建材メーカーが販売する小さなキッチンです。取り付け費は含みませんが、これで10万円以下（写真14－c）。デザインも（ステンレスやミニマル好きな人なら）大手メーカーの高級品より好みに思えるのではないでしょうか。

ほかにもオープンな枠組みの上にシンクやコンロを置いただけのミニマルな〝工作キッチン〟を造作する人もいます（写真14－d）。業務用キッチンのパーツを中古品から探し、収納も棚をつけるだけのオープン収納にすれば、コストはかなり抑えられます。しかも調理台を広く、シンクは小さめを2つ、コンロは……と、完全にカスタマイズが可能です。

このようにキッチンにも多くの選択肢があるので、リノベの際にはぜひじっくり検討し、自分にとって理想的なオリジナルキッチンを手に入れてください。

施主支給とは

最後に「施主支給《せしゅしきゅう》」について説明しておきましょう。リノベ体験記にはよく出てくる言葉で、資材や設備を施主が購入し、リノベ会社に渡して施工してもらうことです。

たとえば私は、今まで使っていたトイレットペーパーホルダーがとても気に入っていたので「次もこれを使ってほしい」とリノベ会社に渡しました。これが施主支給です。ほかにも、ドアノブや照明器具などこだわりの製品をネット通販や旅先で手に入れ、リノベ会社につけてもらう人もいます。

通常、リノベ会社は住宅設備や建材を専門の卸会社（問屋）を通じて購入します。問屋を通しての法人間取引にはさまざまなメリットがあるからで、たとえば決済はまとめて翌月払い、かつ法人向けの値引率を適用、納品日は専用のシステムで管理し、軒先渡しではなくリノベ中の屋内まで配送、不良品やパーツ不足の際もすぐに対応してくれます。

一方、個人向けに商品を販売している店では翌月払いなど不可能で、支払いをしないと商品を発送してくれません。納品日も細かくコントロールできないことが多いでしょう。だから小物の施主支給はむずかしくないのですが、キッチンのような大きなもの、設置工事に専門の職人が必要なものの施主支給には注意が必要です。

ＬＩＸＩＬやＴＯＴＯなど大手の住宅設備メーカーは、原則として個人には商品を売りません。一方、ＩＫＥＡやニトリなどもともと個人相手に商売をしている店では、システムキッチンも個人に売り、施工業者は必要なら紹介するという方式です。ネットでキッチンを買って施主支給する場合も同じです。

こういった個人購入の設備を使うときは、事前にリノベ会社との詳細な打合せが欠かせません。納期が遅れて工事スケジュールに影響が出たり、不良品が届いてしまったときの交渉を誰がおこなうのかなど、決めておかねばならないことがたくさんあるからです。

リノベ会社のなかにはＩＫＥＡ、ＴＯＯＬＢＯＸ、中古の業務用キッチンなど個人に販売されるキッチンを使うことに慣れている会社もあれば、そういった会社の設備を使うことに消極的な会社もあります。なので、そういった特徴あるキッチンを希望する場合は個別相談のときからその旨を伝え、リノベ会社を選ぶ基準とするくらいでもよいと思います。

リノベのポイント

28 自分の調理スタイルに必要な設備が過不足なく備えられたオリジナルキッチンとはどのようなキッチンなのか、一度ゼロから考えてみましょう。
29 水切りカゴやゴミ箱を置く場所、調理台スペースの幅、家電の収納に必要なスペースなど、1つずつ現実的に考えましょう。
30 大手メーカー以外にもキッチンを売っている会社はあり、かなり個性的なキッチンも選択できます。

㉛キッチンのような大きな商品の個人購入や施主支給を希望する場合は、個別相談の段階からその旨を伝え、リノベ会社の対応を確認しておきましょう。

第9章

契約から工事へ

間取りが決まり、住宅設備や床材、壁紙を選び、照明やコンセントの位置まで含めた詳細設計が終わればいよいよ契約締結、そして、着工（工事開始）です。一般的なスケジュールは**図表13**に書きましたが、**この中で鍵となるのが「契約日」です。**

契約とは工事請負契約のことで、契約書には設計図はもちろん、使用する資材や設備の品番が書かれた仕様書がすべて添付されています。

契約がすめばリノベ会社は資材の発注を始め、客はリノベ代金の半分以上を払うことになります。なのでリノベの内容相談はこの日までに納得するまでおこない、契約を結んだらあとは「計画通りに進める」のが基本です。

お金を払うタイミングは？

リノベ会社にお金を払うタイミングは会社によって異なるので、初回の相談時に確認しておきましょう。だいたい4回くらいに分けて払うのが一般的なようです。

申込金支払いは「今後は他社とは比べず、リノベは御社にお願いします」という意思表明で、これ以降に（なんの理由であれ）リノベを中止すると、申込金は戻ってきません。

私は申し込み前に工事請負契約のひな形をもらっておきました。契約締結は詳細設計が終

［図表13］　リノベの一般的なスケジュール

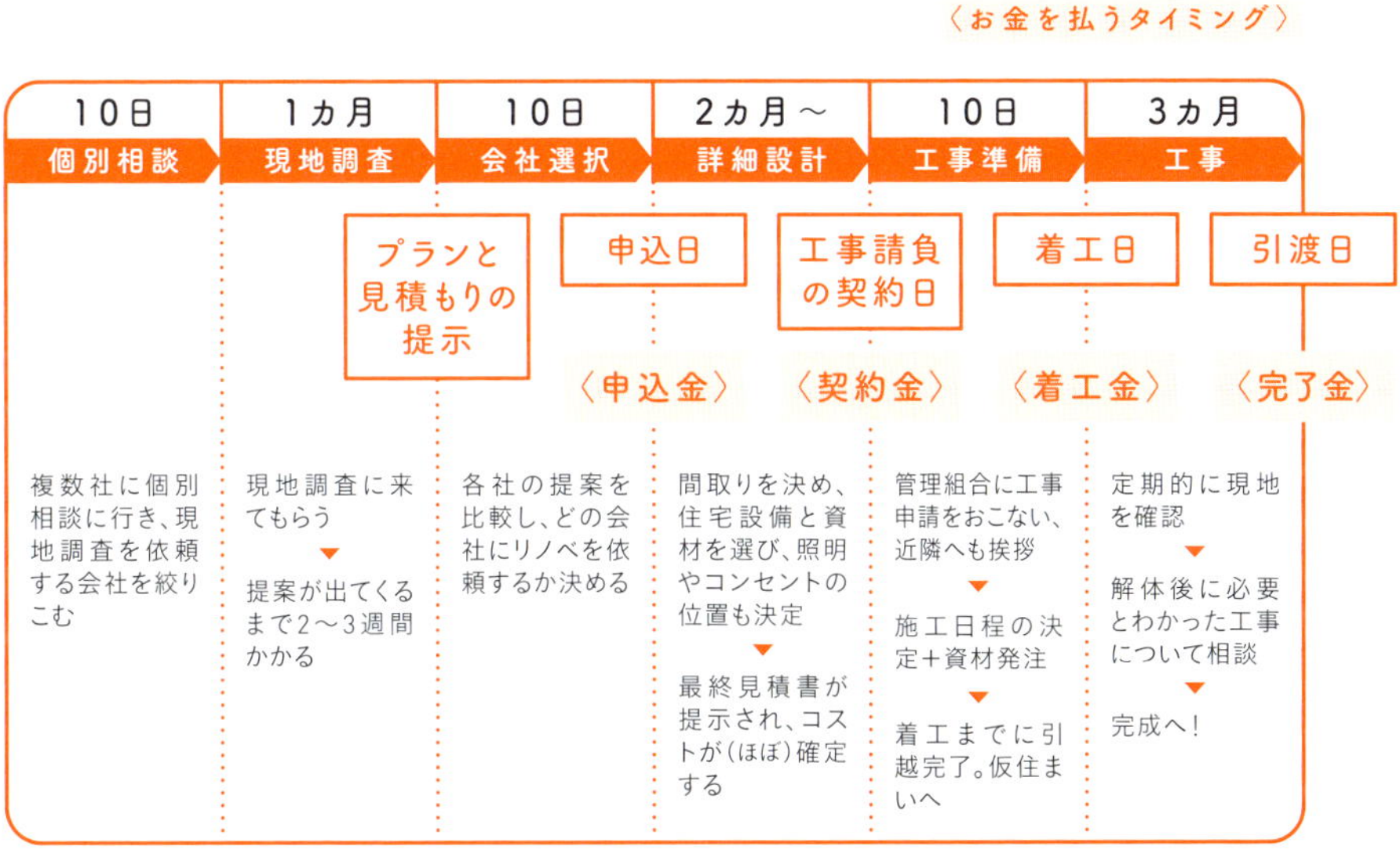

わってからですが、そんなタイミング（工事が始まる10日ほど前）で初めて契約書を見て、「こんな契約は結べません」などとは言えません。**契約内容を確認したい人は、先にもらっておきましょう。**

一般社団法人住宅リフォーム推進協議会のサイト（http://www.j-reform.com/publish/shosiki.html）からはリフォームの標準契約書もダウンロードできるので、気になる項目があれば比較しておけばよいでしょう。

また、設計事務所に依頼する場合は設計契約と工事請負契約を別々に（前者は設計事務所と、後者は施工会社と）結ぶことになります。設計料と工事費も別々に支払うので、いつどれくらいの支払いが発生するのか、事前に確認が必要です。

リフォーム瑕《か》疵《し》保険ってなに？

欠陥工事やリノベ会社の倒産に備える保険で、この保険に入ると工事中や工事後に第三者検査員（建築士）による現場検査がおこなわれます。保険に入るのは（施主ではなく）リノベ事業者で、事前登録が必要です（次のサイトに登録事業者が検索できるページへのリンクがあります）。

・リフォームかし保険についての国土交通省のサイト
http://www.mlit.go.jp/jutakukentiku/jutaku-kentiku.files/kashitanpocorner/

リノベ関連の書籍には「この保険に入れば安心！」と書いてあるものもあれば、「微妙な保険なのでお勧めしない」と書いてあるものもあり、混乱します。私が見積もりを依頼した4つのリノベ会社はすべて登録業者でしたが、保険の加入状況を見てみたところ、3社はゼロ、1社は昨年に1件、過去累計でも3件のみとあまり活用されていないようです。

以下はあくまで私の個人的な判断ですが、依頼することにしたリノベ会社について、「アフターサービスがしっかりしている」「当面、倒産しないだろう」と思えるなら必ずしも必要な保険ではないのでしょう。というか、そもそも「そんなことが不安な会社に数百万円ものリノベ工事は頼めない」と考える人（私）には、この保険に入る意義はありません。ただいずれにせよリノベ会社が提供しているアフターサービス（保証）の内容や期間については契約前に詳しく説明してもらい、書類でも確認しておきましょう。

工事のスケジュールは？

着工前日に家の鍵をリノベ会社に預けます。エントランスがオートロックの場合、そこを通るための鍵やカードも渡します。鍵を預けるのが心配という人もいますが、鍵を預けずして数カ月もの工事などできません。心配なら工事後に鍵を付けかえましょう。

その他、事故防止のためリノベ工事には使わないガスの契約を一時停止したり、節約のためケーブルテレビの契約を休止するなど諸手続きにも追われました。

工事直前には詳しいスケジュール表（工程表）をもらい、施主が現地を訪れる日も決めていきます。ざっくりした工程表については**図表14**をご覧ください。以下は、私が現場を訪れた日の記録です（工事開始日からの日数には土日祝日や夏期休暇日を含みます。また、図表14はサンプル工程表なので実際の日程とは一致していません）。

［図表14］ 工事の進み方の例

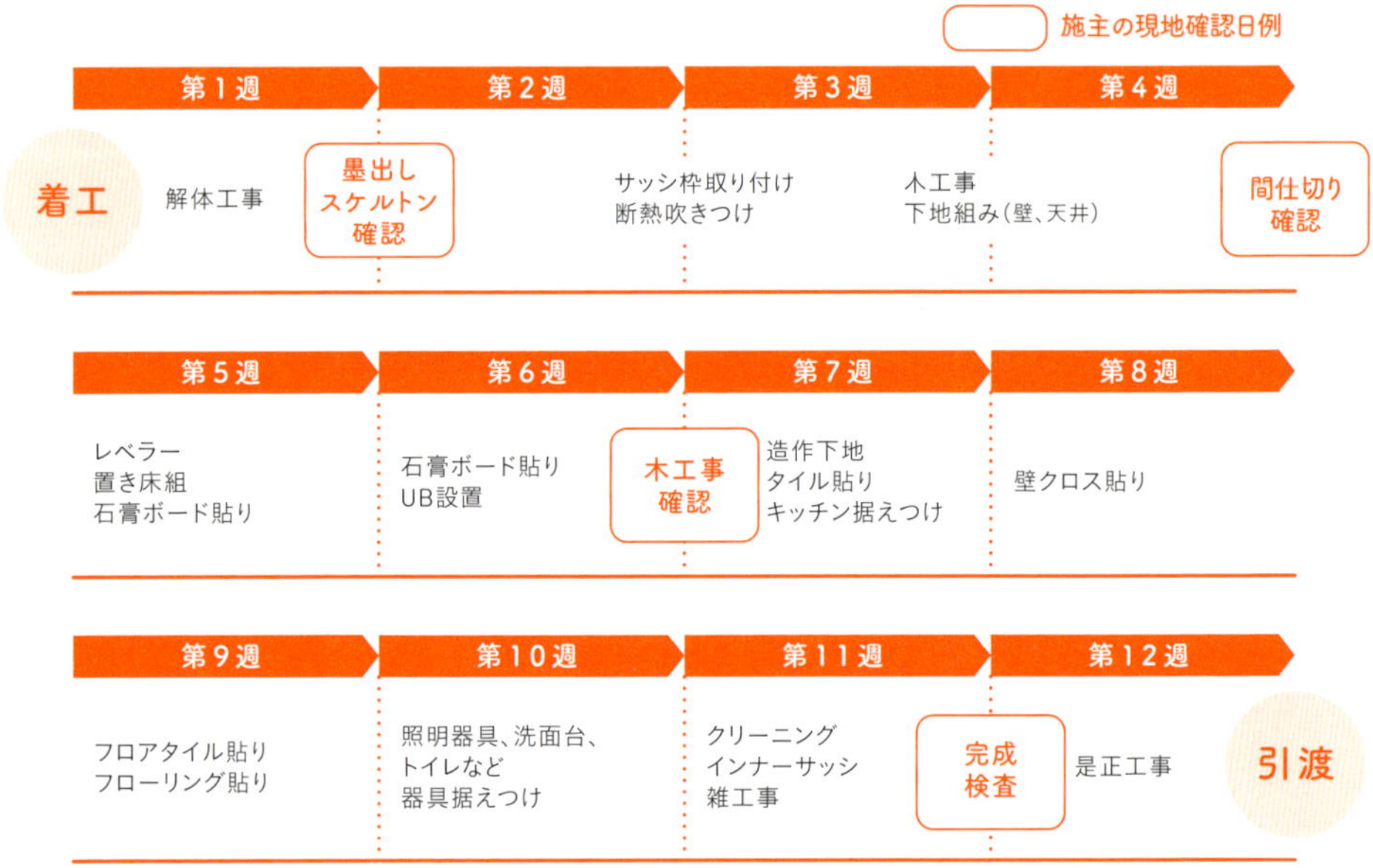

最初の現場確認日（工事開始から8日目）

最初に現場を訪れたのは解体が終わり、躯体がすべて見えるスケルトン状態になったときでした。第1章の**写真2**はこの日に撮ったものです。**写真15**にあるように、新しく壁やドアができる位置の床にピンクやブルーのテープが貼ってありました。これは私にわかりやすく説明するために貼ってあるもので、元々は墨で書かれていたそうです（なのでこの日は「墨出し」と呼ばれます）。

がらんどうになった我が家は、予想していたより広くも狭くも見えました。私はもともとワンルームが好きなので「このままなんの間仕切りも作りたくない」と思いましたが今更そうはいきません。

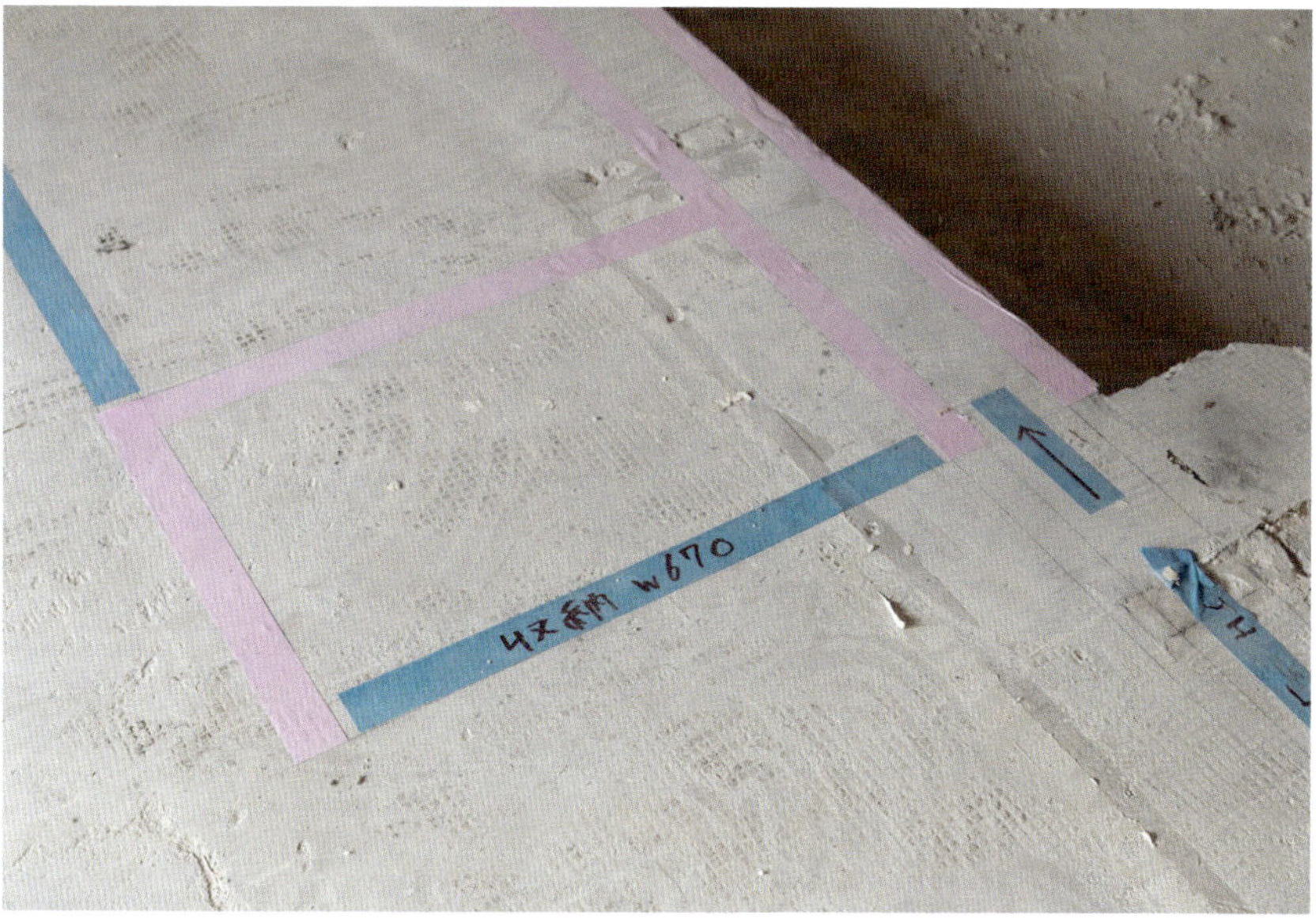

写真15　ピンクが壁のできるところ、ブルーが扉のつくところです。

この日は「壊してみて初めてわかったこと」について説明を受けました。大きな損傷（ヒビなど）は見つからずホッとしましたが、新築時の施工でおかしなことがおこなわれていたり、竣工図面とは異なる部分があったりで、善後策の検討が必要になりました（詳細は後述します）。

よいニュースも多々ありました。ガス温水式のミストサウナは問題なくつけられるとわかったし、天井の梁もかなり小さくできそうでした。

2回目の現地訪問（工事開始から29日目）

墨出しまでは「壊すプロセス」ですが、それ以降は「作るプロセス」なので、毎回、訪ねるたびに少しずつできあがっていく部屋を見られます。この日は壁を作る部分にライトゲージスチール（LGS）という柵（**写真16-d**参照）がたくさん立てられていました。これにより各部屋の大きさが体感的に理解できるようになります。

カーテンボックスや吊り戸棚の位置・高さもこの日に確認しながら決めていきました。こうやって現地で細かいところを決められるのは（できあがりを想像しやすくなるため）非常に助かります。

3回目の現地訪問（工事開始から42日目）

ユニットバスが入っていました。この日も細かいところを打ち合わせ。思ったより梁が小さくできることになったため、天井に貼る壁紙の色を一部変更したり、コンセント位置の変更をお願いしました。設計図では気が回らなかったこと、解体後にわかった事情に合わせて変更したくなったことを（できる範囲で）調整していきます。

4回目の現地訪問［臨時］（工事開始から53日目）

この日は訪問予定ではなかったのですが、郵便ポストの確認に行ったらたまたま担当者と出会ったので、キッチンの据えつけ中でしたが中に入れてもらいました。

壁には石膏ボードが貼られていて、かなり形になってきた印象です。ただ「台風の影響で資材の入荷が遅れるかも」と聞かされちょっと心配に。

5回目の現地訪問［臨時］（工事開始から61日目）

ロールスクリーンの計測のためカーテン屋さんが、ネット回線の確認のため通信業者さんが部屋に来られるので立ち会いました。

納品された洗面台が輸送中に割れていたなどのトラブルもあったようですが、リノベ会社が対応してくれたので私は報告を受けただけです。もしこの洗面台が施主支給品だったら、私が販売元と交渉しなければならないのかも。

6回目＝最後の現地訪問（工事開始から76日目）

「工事現場」ではなく、完成した家が見られる初めての日です。実はまだ細部はできあがっていませんでした。が、ざっくり「ほぼ完成」なお部屋が見られました。一応「完成検査日」となっていたので、なにか問題があればこの日に指摘して直してもらうのだと思います。

引渡（工事開始から81日目）

鍵を返してもらう日で、「工事終了日」であり「リノベの完成日」です。でも、収納棚板や洗面室の部材、細部の掃除などは間に合っておらず、ちょっと見切りの引渡でした。引越

［写真16］　工事中の写真

写真16-a　マンションの解体工事は想像以上に手作業でびっくり！

写真16-b　解体すると驚くほどたくさんの配管や配線が現れます。撤去してよいものと残しておく必要のあるものを見極めながらの作業となります。

写真16-c　マンションの壁の中にこんなにたくさんの木が使われているとは想像もしていませんでした。

写真16-d　新たに建築開始。以前は木だけで骨組みが作られていましたが、今回はスチールの柱（ＬＧＳ）で骨格を作っていきます。

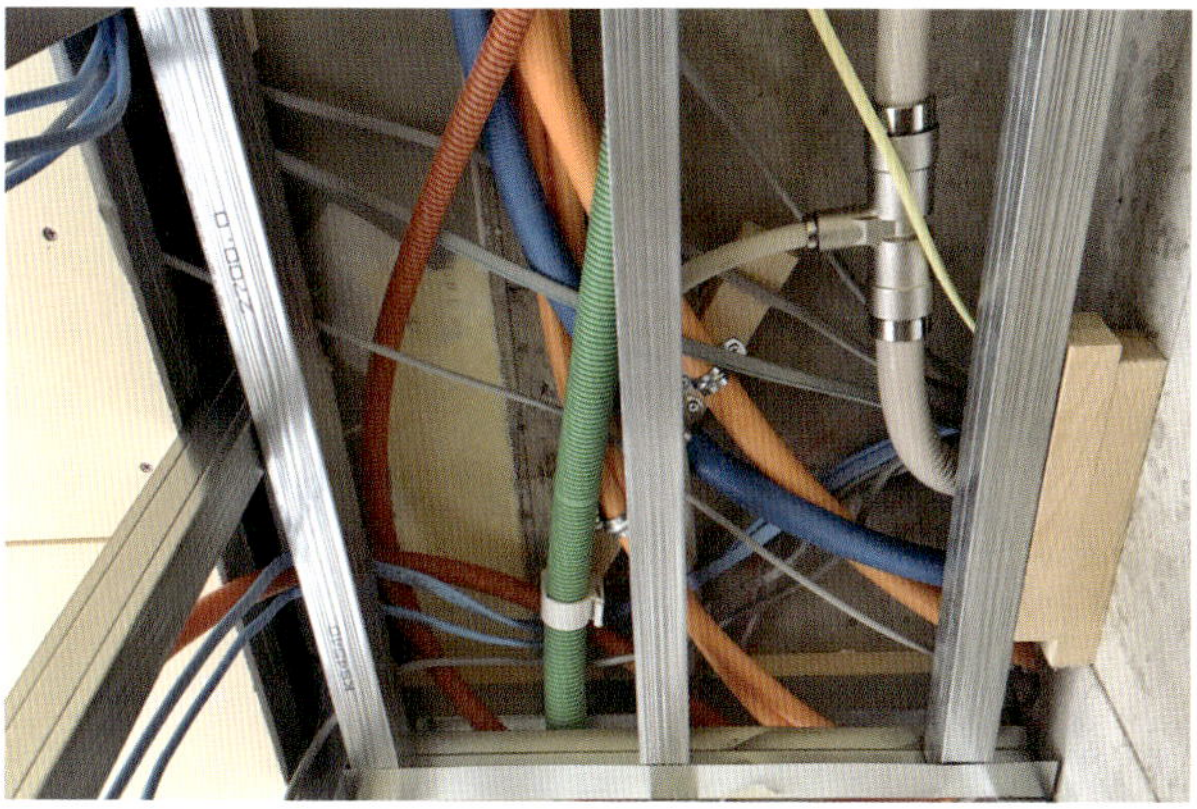

写真16-e　壁裏や天井裏のスペースに給水管や配線を収めていきます。

写真16-f　骨組みの上に石膏ボードを貼りつけます。
壁紙はこの上に貼られます。

日を決めてしまっていたので、急がせすぎたのかもしれません。

途中経過を随時見ていたので（テレビのビフォー・アフター番組のような）サプライズはありませんが、最初に考えていた大枠の希望はほぼすべて充たされており、本当に嬉しく感じました（リノベの全体像やビフォー・アフターの写真は第3部に掲載しました）。

なお、**リノベ関連の税制優遇には「工事完了日から3カ月以内に申請すること」という条件があったりする**ので、新居への引越やかたづけに追われて失念しないよう完成引渡日の日付けはちゃんと覚えておきましょう。

工事中の現地確認の意義

リノベ会社の方針や自分の多忙さにもよりますが、**施主は工事期間中、定期的に現場を見に行くことができます**。頻繁に行きたいならその旨を伝えておきましょう。

ただし、工事期間中はたとえ自分の家でも勝手には入れません。土日や仕事帰りの夜中にちょこっと見に行ったりするのも厳禁です。塗料や接着剤が乾いていないのに触って手形をつけてしまったり、仮止めされている枠組みを壊してしまったり、さらには自分がケガをしたり。無断で工事中の家に入るのは百害あって一利なしです。

私の場合、工事そのものに興味があったので、節目節目の見学に加え「この工事とこの工事は写真を撮ってほしい」とお願いしました。でも、客のリクエストがなくてもリノベ会社は記録のため定期的に現場写真を撮っています。なかにはそれらすべてを客と共有するという会社もありました。

工事中の現地訪問にも大きな意味があります。素人には、設計図をみてできあがりを立体的に想像する空間認識能力が足りていません。なんども説明を受けていたはずなのに、現場をみて初めて「ここがこうなるのかー！」と驚くことも多いのです。

今回、カーテンボックスの取りつけ方、トイレの吊り戸棚やニッチ収納のサイズ、洗濯機を置く防水パンの位置、壁のレンガの貼り方など、細かいところを現場で相談しながら決められたのはとても助かりました。

また、住んでいるときには見えていない部分の工事も非常に多く、そういうところに手間がかかるのだということも、途中経過を見学して初めて理解できたことです。

写真も載せていますが、初めて見る工事現場はとても興味深いものでした。床を平らにするためのレベラー工事（**写真17**）や断熱のための発泡ウレタンフォームの吹きつけ（**写真18**）工事にいたっては、「こんな仕事が存在するんだ!!」と驚いたほどです。

ちなみに、私が見に行く日はいつも、現場がものすごくキレイでした。おそらく前日や当

レベラー工事イメージ図：手作業で何度もならし、床を平らにしていきます。
この上にフローリングを貼るとデコボコしません。

写真17　レベラー工事をおこない平らになった床。

［図表15］　施工関係者一覧

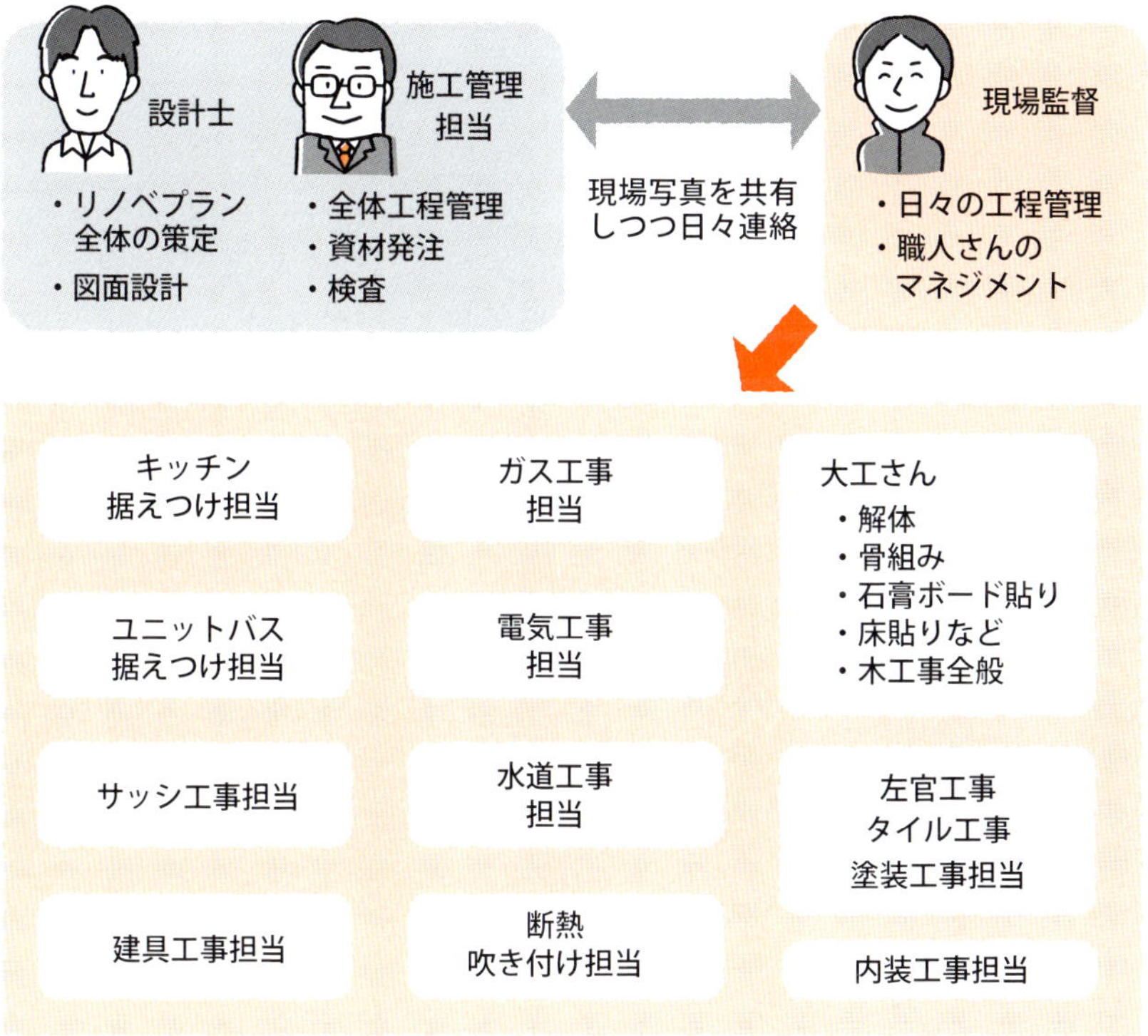

日に「明日は施主が来るから」と念入りに整理整頓されたのではないでしょうか。

本社の偉いさんが視察にやってくる工場や、「来週、寄せてもらうわよ！」と義母が連絡してきた家庭と同じで、誰かが視察に来るとなればみんな掃除をするので、そういう意味でも定期的に施主が現場に行くのは悪くない気がします（だからと言って事前の相談もなく訪ねるのはマナー違反です）。

また、工事中は進行に合わせて多数の職人さんが入れ替わり立ち替わり出入りされ（**図表15**）、傍目から見るだけでも相

［写真18］　吹き付け断熱工事

写真18-a　あらたに吹きつけた断熱材の色はなんとピンク！　窓を養生して外部に面する壁全面に吹きつけます。

写真18-b　吹きつけ担当の職人さんも完全防備。真夏の工事だったので暑くて大変だったと思います。

写真18-c　リノベ前の古い断熱材。

写真18-d　リノベ後はかなりの厚みに。

［写真19］ 二重窓（内窓の追加）

外側の窓は既存のもの。これは変更できません。
内側が新たに追加した窓。ペアガラスでUVカットです。
1カ所だけでは効果がないので、外部に面した窓はすべて二重窓にしました。

二重窓をつけ、断熱をやり直した効果は絶大で、外の音がほとんど入ってこなくなり、（まだ夏は過ごしていないのですが）冬に関してはものすごく暖かくなりました。外から来た人は私があまりに薄着でいるので、みんな驚きます。
なお二重窓だけなら後付け工事も可能ですが、リノベ時におこなえばキレイに仕上げられます。

- 関連記事
  「低い断熱性なぜ放置、世界に遅れる『窓』後進国ニッポン」　松尾和也　松尾設計室代表
  https://www.nikkei.com/article/DGXMZO78836460U4A021C1000000/
- YKKAPのサイト
  https://www.ykkap.co.jp/products/reform/madoremo/plamadou/merit/comfortable.html

ほかにもLIXIL、AGC（旧社名　旭硝子）、二重窓が普及している北海道でシェア1位の大信工業などさまざまなメーカーの商品があります。価格は内窓に使うガラスのグレード（機能）によって大きく異なります。

当に複雑なプロジェクトだと感じました。マンションのスペースは限られており、最初にすべての資材が運び込まれたりしたら作業ができません。工事の進行に合わせ、タイムリーに部材が届くよう手配するなど、進行管理や現場管理にも経験やスキルが求められます。

工事開始後にわかった問題

「工事に入ると、予想していなかったことも起こります」――そう聞いていたので、着工直前は不安もありました。なので初日にリノベ会社の担当者から、「解体速報！　ガス温水式ミストサウナ、つけられます！」というメールが届いたときは飛び上がるほど嬉しかったです。私が強く希望していたので、最初にその部分を壊し、確認してくださったのでしょう。

解体を進めると、建築時の図面とは異なる点もいくつか見つかりました。1つは、図面にはない梁があったこと。これにより計画通りにユニットバスが取りつけられなくなり、位置をずらすことになりました。結果、洗面室の通路が少し狭くなりました。

また、竣工図面を見るかぎり3センチは余裕があるだろうと思われていた部分に隙間がなく、必要な収納奥行きが確保できなくなったので、収納扉のつけ方を変更しました。ここまでは「まあしょうがないよね」と言えるレベルの誤差（図面と実態の違い）だったと思います。

もっとも驚いたのは、本来は共用部分にあるべき配線の一部が我が家の専有部分に存在していたこと。これは明らかに新築時の施工ミスです。共用部分に関することは、区分所有者（およびその代理人としてのリノベ会社）が勝手に直せるものではありません。このため管理組合を通じて新築時の販売会社に連絡して対処を求めたりもしました。

ほかにも、新築時の職人さんが落としていった定規が床下から出てきたりといった「あら！」はあったものの、幸いなことに工事のスケジュールに影響を及ぼすような問題は見つかりませんでした。

ただ、工事期間中に関西を大型の台風が襲い、そのエリアの工場から納品される予定だった床材の入荷が遅れるかもしれないと言われました。幸い工事終了日が延びることはなかったのですが、もしそうなれば、仮住まいの契約延長、保管荷物の保管期間延長など、さまざまな面倒が生じるところでした。

ここまでは「解体してみて初めてわかった問題」ですが、反対に「解体して初めてわかったラッキーなこと」もありました。それは、梁がかなり小さくできるとわかったことです。リビングやベッドルームにあった大きな梁はリノベ後、半分くらいにまで小さくなりました。設計、施工の方が頑張ってくださった結果ですが、そもそも梁が小さくなるというのはどういうことなのでしょう？

梁が小さく、天井が高くなる理由

いろいろなパターンがありますが、まずは基本的な部屋の作り方から。マンションの見えない部分には、給排水管や電気配線、ガス管、換気のためのダクトなどさまざまな線や管が走っています。これらを隠して配置できる場所は「床下」「天井裏」「壁の裏側」「天井から出っぱっている梁のように見えている部分の中」のいずれかです。

リノベ前の部屋では、床と壁と天井のコンクリート躯体に直接、床材や壁紙が貼りつけてありました。このため床下、壁の裏、天井裏にはパイプや配線を通す場所がありません。それらはすべて「天井の梁を大きめに囲んで造った梁型の中」を通されており、梁（正確には梁型）がかなり大きくなっていたのです。

今回のリノベでは、天井裏と壁裏に空間を作り、配線や配管はその中を通しました。これにより各種配管を梁にはわせる必要がなくなり、梁型が今までよりはるかに小さくなったのです。

もちろんその分、天井全体は数センチ低くなり、壁も今までより数センチせり出しているのですが、それらは天井の梁型に比べればまったく目立ちません。ではいったいなぜ、以前の部屋はそうなっていなかったのでしょう？

それは、新築マンションを買うとき、天井の高さを気にする人がたくさんいるからです。床や天井に床材や壁紙を貼る直床・直天井なら、両方に10センチの隙間を作る場合に比べ、天井が20センチ高くできます。かわりに天井に大きな梁型が出っぱったとしても、販売パンフレットに書く「天井高〇〇センチ」は、梁のない、いちばん高いところで測るため「天井の高いマンション！」として売り出せるのです。もちろん床を組む費用も節約できるため、（開発・建設会社側には）コストが安くなるというメリットもあります。

梁型が小さくできたもう１つの理由は、隠す必要のあるものを隠せるギリギリの大きさの梁型に変更したためです。大きめの梁型のほうが施工的にラクだということもあり、我が家の場合も新築時の梁型は無用に大きなものでした（**写真20**）。

それ以外にも**図表16**にあるように、ダクトなどを隠せる高さに合わせ（ダクトが走っている部分だけでなく）その部屋の天井全体が下げられてしまっていることもあります。

でもリノベでは個別のニーズに合わせて細かく設計や施工の工夫が可能なため、時には梁（に見えている）部分が驚くほど小さく、天井も高くできます。これもリノベの大きなメリットでしょう。

［写真20］　天井が高くなる理由

写真20-a　リノベ前は、排気ダクトの周りに大きな余裕を残して梁型が作られていました。このため巨大な梁が天井にあったのです。

↓

写真20-b　リノベ時には、ダクトをギリギリ隠せる大きさの梁型に変更。梁の体積は半分以下となり、梁下の天井も20センチ以上高くなりました。

写真20-c リノベ前は黄色い矢印のところに天井が造られており、天井裏に巨大な空間が！リノベ後は天井を赤い矢印まで上げてもらいました。

写真20-d 右がリノベ前で左がリノベ後。玄関ドアの大きさは変わっていません。ドアの上部から天井までの距離は、リノベ前は20センチほどですが、リノベ後には約50センチと、天井は30センチも高くなりました。

［図表16］ 天井の仕上げ方法

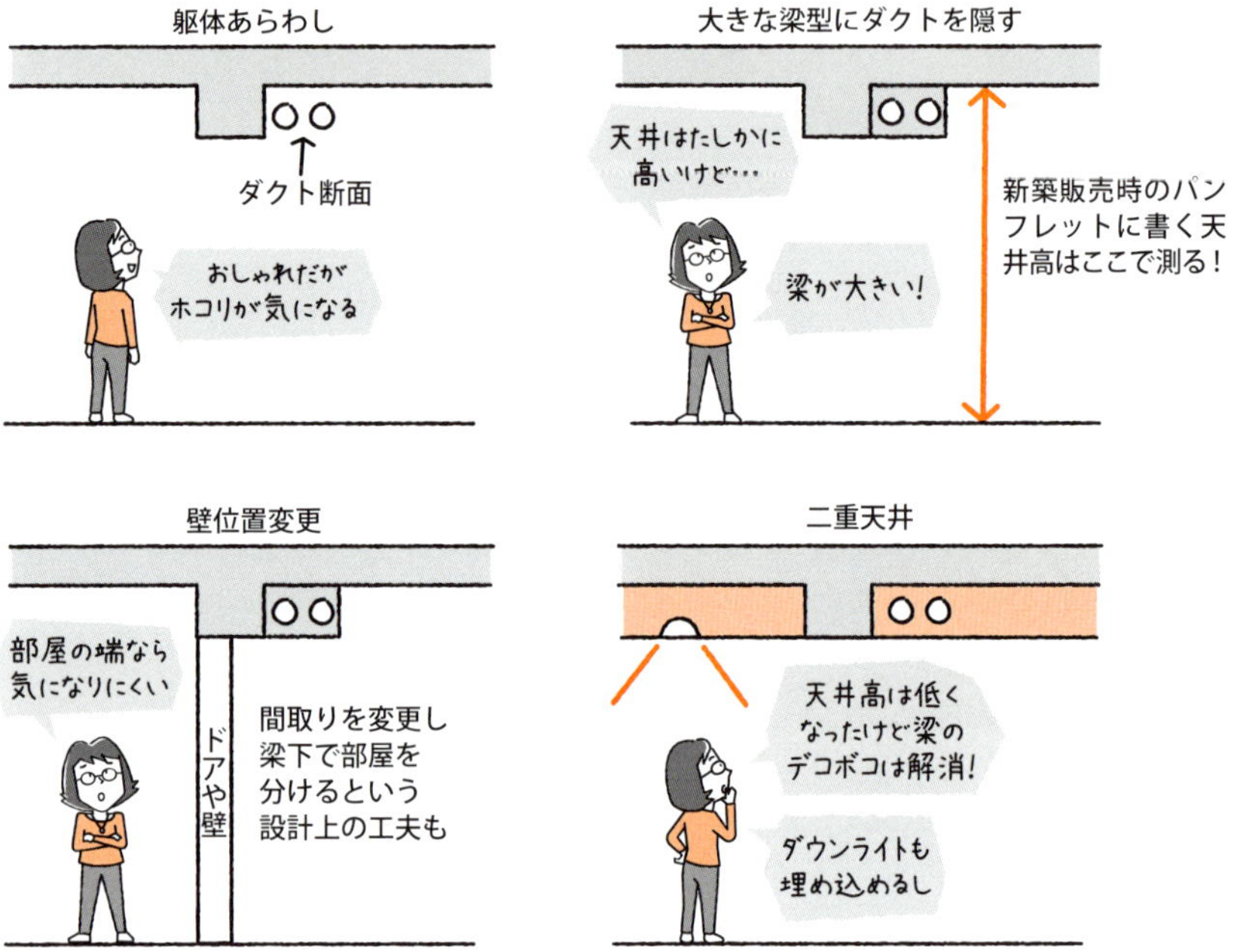

ちなみに最近のリノベでは、天井や壁をそのまま躯体あらわしで残し、ダクトや配線を見せたままにする事例が増えています。これなら天井も高くできるし、梁型も最小化できます。ダクトや配線がむき出しになりますが、**写真21**のようにとてもすてきな部屋にもでき、施工費も安くなります。

一方、天井裏の空間がなくなるので上階の音が響きやすくなるかもしれないし、PS（パイプスペース）の縦管をあらわしにすると排水音が気になる場合もあります。ダクトにはホコリも溜まりますから、隠してしまったほうがいいと考える人もおり、このあたりは完全に好みの問題

写真21　躯体あらわしのリノベ事例（提供：インテリックス空間設計）
左奥に換気ダクトが、天井には照明用の配線が見えています。

でしょう。

こうして3カ月、ようやく工事が終わりました。7月末から始まった工事期間中はずっと猛暑で、クーラーもない現場で力仕事にいそしんでくださった工事関係者のみなさまには本当に感謝しています。

また、さまざまなトラブルを処理しつつ細かいところまで気を利かせ、あれこれ工夫してくださったリノベ会社の担当者や現場監督の方のお仕事ぶりもすばらしいものでした。

こうして多くの方の協力を得ながら、ようやくリノベが完了しました！

リノベのポイント

32 工事の請負契約を結ぶのは詳細設計が終わったあとです。契約書の内容詳細を確認したい場合は、申込日より前にひな形をもらっておきましょう。

33 現場を見ながら工事中に決めたほうがいいこともたくさんあります。ただし、たとえ自分の家でも工事中は勝手に入らないように！

34 工事が始まってからもいろいろな問題が起こります。リノベ会社と協力して1つずつ問題を解決し、共同プロジェクトを成功に導きましょう！

第10章

リノベ費用と見積書

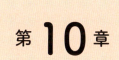

リノベのビフォー・アフターは次の部で紹介しますが、その前に、リノベの費用について簡単に説明しておきます。みんなが気になるのは「お風呂を新しくしたらいくらかかるんだろう？」とか「床を無垢材にしたら、どれくらい高くなるの？」といった点ですよね。

ですがリノベ会社からもらえる見積書を見ても、それらの答えは見つけられません。なぜなら**費用明細の分類項目が、一般人が考える費用区分とは大きく異なる**からです。

正確だけどわかりにくい業者の見積書

図表17の左側はリノベ会社からもらえる見積書の項目（例）です。項目名は会社によっても異なりますが、多くは「木工事」「造作工事」「左官工事」「電気工事」といった工事の種類別に集計されています。しかしこの見積書は、素人にはほとんど意味がわかりません。

たとえば私には「木工事が100万円です」と言われても、それが高いのか安いのか、判断がつきません。他社と比べようとしても、それぞれの項目の定義が異なっています。今回は4社から見積書を受け取りましたが、「木工事」として示された額はそれぞれ、198万円、163万円、120万円、0円（木工事という項目がない）です。

198万円の会社と120万円の会社の「木工事」の定義が同じだとは思えないし、他社

［図表17］ リノベ会社の見積書vs.客の頭の中

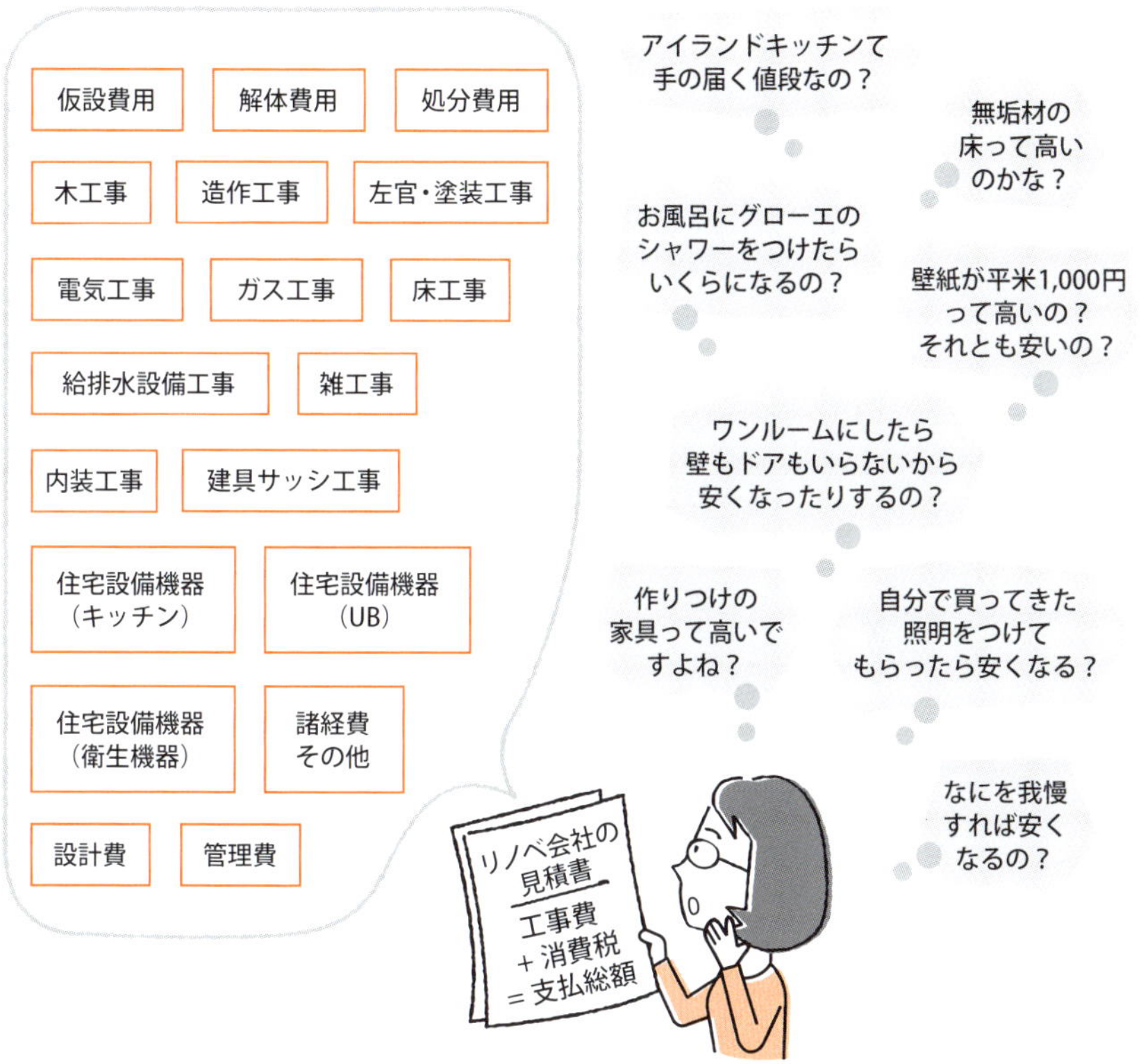

では100万円を超える木工事という項目が存在しない見積書さえ存在するなんてびっくりです（もちろんほかの名称で計上されています）。

各社の見積もりが比較できないだけでなく、こういった分類では「リノベプランのどこをどう変えればコストがいくら減るのか（増えるのか）」もわかりません。「あと100万円安くしたい」と思っても、なにを変えればいいのか、自分では判断できないのです。

そこで本書では、**リノベ会社目線の費用明細を、顧**

客目線の明細に組みかえてみました。ただし「顧客目線のリノベ明細」は、厳密にいえば正確ではありません。**本章と資料編で示す「顧客目線の費用見積もり」はあくまで「だいたいこんな感じ」という数字**です。「わかりやすいけどあまり正確ではない」ではなく、「正確ではないが、一般の人にはこのほうがわかりやすそう」と思えたので再集計してみたものだとお考えください。

リノベの費用は3つに分かれる

私にとってわかりやすいのは、リノベ費用を「基本工事」「設備・内装」「管理・税金」の3つに分けて考えることでした（**図表18**）。

基本工事は「壊す費用」と「住居の基本構造・基本性能を作り上げる費用」に分かれます。これらはスケルトン・リノベには必ずかかる費用で、緩やかに面積に比例します（厳密に面積に比例するわけではなく、リノベ面積が狭いほど割高になります）。

2番目の設備・内装費用は、システムキッチンやユニットバス、洗面台やトイレといった住宅設備を購入して据えつける費用と、内装や収納を作る費用です。ここは顧客の予算と選択によって大きく変わります。

最後の管理・税金費用の大半は、リノベ会社の経費＋利益となる設計・管理費と消費税です。これらは工事費用総額に一定のパーセントをかけて算定されるので、基本工事費や設備・内装費用が変われば、同じ比率で増減します。

それぞれの額の目安を示すため、我が家のリノベ費用を再集計した結果が**図表19**です。ここでは総額を700万円に抑えた「ベースプラン」と、さまざまなリクエストを出した総額1200万円の「こだわりプラン」（実際のケース）を比較しています。

最大の違いは設備・内装費用で、こだわりプランはベースプランの3倍以上です。管理費や消費税もあわせて増加し、100万円近いアップ。100万円のキッチンと200万円のキッチンの差は、100万円の差では収まらないということです。

また、ベースプランでは基本工事にコストの多くがさかれ、設備・内装にかかる費用は162万円と総額の4分の1以下にすぎません。だからこれよりさらに安くしたいと考えるなら、設備をランクダウンするより、基本工事費を下げられないかと検討するほうが合理的です。たとえば、天井も壁も躯体あらわしのままにして作らないとか、間取りを変更せずインフラも交換しないといった選択肢です。

詳細は巻末の資料編をご覧いただくとして、リノベの費用はホントに「いくらにでもできる」というのが率直な感想です。だから第1部で書いたように「いくらかかりますか？」と

［図表18］　顧客目線でのリノベ費用分類

大分類	項目
基本工事	解体・処分
	壁・梁・天井・ドア
	床
	ガス・給湯・給排水
	電気・コンセント
	照明
	その他工事

大分類	項目
設備・内装	ユニットバス
	キッチン
	洗面台
	トイレ
	収納
	こだわり内装
	断熱・二重窓

大分類	項目
管理・税金	付随費用
	設計・管理費
	消費税

［図表19］　2つのプランの内訳比較

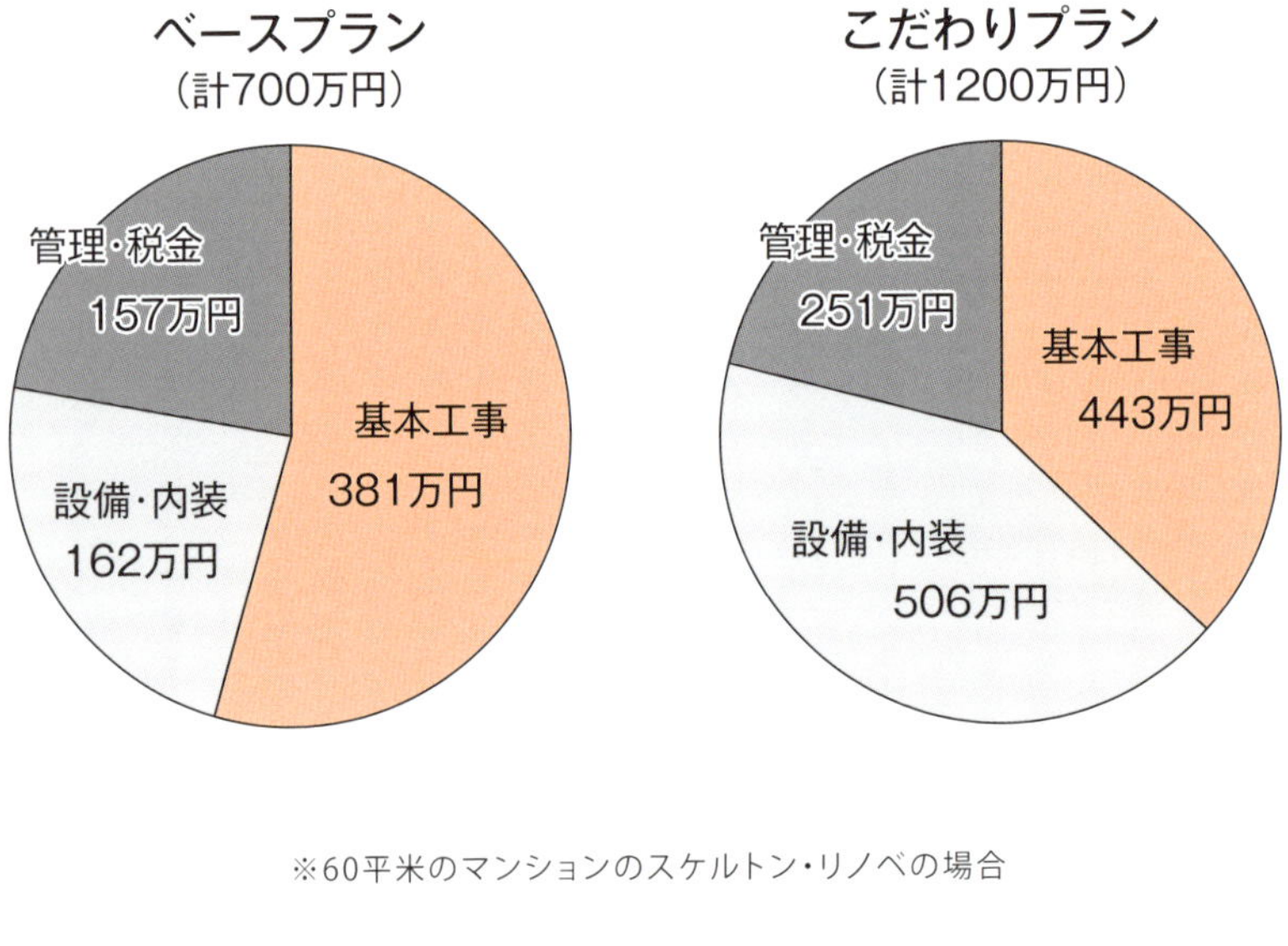

※60平米のマンションのスケルトン・リノベの場合

聞くのではなく、**「自分（たち）は今回のリノベにいくら払ってもよいと考えているのか」をまず考えることが重要**なのです。

巻末の資料編にはより詳細な項目と費用を載せておきましたので、具体的な検討を始めた方はぜひそちらもご覧ください。

リノベのポイント

35 リノベ会社からもらえる見積書は工事種類別で素人には馴染みのない言葉も多く、なにをどう変えれば安くなるのかわかりません。

36 それらを顧客目線で再集計すると、大きく分けて「基本工事」「設備・内装」「管理・税金」の3つの費用に分かれます。

37 設備のグレードや資材の質にこだわれば、設備・内装費はいくらでも高くなり（でき）ます。

38 一方、一定以上のコスト減を図ろうとすれば、設備・内装費だけでなく基本工事費を抑える工夫も必要となります。

column

新築か中古か、リノベかリノベずみか

これからマンションを買う予定で、新築にするか中古にするか迷っている方、中古マンションを買うと決めたけれど、リノベずみ物件を買うべきか、それとも買ってから自分でリノベをすべきか、迷っている方も多いと思います。それぞれどんなメリットやデメリットがあるのでしょう（選択肢一覧については**図表21**をご参照ください）。

マンションの寿命は何年？

中古物件を買うときに気になるのがマンションの寿命ですが、これについては専門家でも意見が分かれます。しかし少なくとも「中古を買ってリノベしよう！」と勧めるリノベ会社や不動産会社の言う「マンションの躯体は100年もつ」という言葉をうのみにするのはどうかと思います。

たしかに躯体は100年もつかもしれません。でもマンションは住民が減り修繕積立金が足りなくなると、雨漏りやエレベーターの修繕などメンテがいきとどかなくなります。そうなると賃貸に出すのも困難です。

それが「いつ」なのかは誰にもわかりません。確実なのは、築40年のマンションを買えば、住宅ローンが終わる頃には築60年とか築70年物件のオーナーになっているということです。

そんな古いマンションを売ったり貸したりできるのか、今の時点では誰にもわかりません。だから、現在、市場で売買されている＝流通性があると現時点で証明されている築40年の段階でローンが終了するよう計画するのが1つの目安ではないでしょうか。

耐震性と共用設備をチェック

建築工法や資材は年々進化しているため、古い建物と新しい建物ではその頑丈さが異なります。建築基準も随時変更されており、1981年6月1日以降に建築確認を受けたマンションは新耐震物件、それ以前のものは旧耐震物件と呼ばれ、流通市場でも扱いが異なります。

マンション全体の設備にも差があります。築30年のマンションでは、エレベーターやマンション全体の配管、電気設備などはほぼすべて30年前のものです。大規模修繕時に新規交換されている設備もありますが、管理組合が機能し、予算が十分にあるなど住民の意識が高くないとエレベーターの交換といった大規模で高額な工事は困難です。そのほか、古いマンションでは宅配ボックスがついていなかったり、インターホンが古く、各戸の玄関前映像を確認できない機種だったりします。

以前、築年数の古い賃貸マンションに住んでいたとき、オーナーから「その部屋を買わないか」と打診されました。ところがそのマンションでは、電気容量が最大30Ａ（アンペア）までしか上げられないとわかりました。契約アンペアは電力会社に連絡すれば戸別に変更可能といわれていますが、マンション全体の設備が古く変更できないというのです。ほかにも、築40年超のマンションを購入したある知人は、設備が古いためインターネット用の光ファイバーが通せないと言われたそうです。

中古は即断即決でないと買えない

購入時に求められるスピードも違います。新築マンションとは異なり中古不動産はすべて一点物です。基本は早い者勝ちで、「1週間よく考えて、（もしくはほかの物件と見比べてから）決めます」などと言っていたら、好条件の物件を買うことはできません。「値引き交渉をしている間にほかの客に買われてしまった」という話もよく聞きます。

何回か検討中の物件を買い逃すと、次からは「内覧したらすぐに決めなければ！」と焦ってしまい、冷静な判断ができなくなる人もいるし、「あの物件がいちばんよかった。あのとき買っておけば……」という後悔とともに、その後に見る物件がどれも不満足に思えてしまい、買えなくなってしまう人もいます。

とはいえ不動産は長期の借金を背負って買う高額な商品です。中古マンションを買うときは住民間でトラブルが起きていないか、管理費の不払いがないかなどをチェックするため、過去の組合議事録や修繕積立金の額、修繕記録も必見だといわれており、そんな簡単には決められないという人もいるでしょう。

そういう方にお勧めなのは、「自分の購入基準を明確にするための時期」と「買う時期」を分けることです。たとえば「年の前半は、購入基準を決めるためにいろいろな物件を見に行く。いい物件があっても飛びつかない。よさそうな物件が誰かに買われてしまっても仕方がないと割り切る」のです。

そのかわりこの時期に、価格、広さ、立地を含め、自分にとって譲れない条件を明確にし、年の後半は完全にモードを変えて、基準に合う物件と出合ったら内覧日に購入を決めるくらいスピーディに決断しましょう。そうでもしないと「何年も検討だけし、いつまでたっても買えない」状態に陥りかねません。

とにかく「高い」新築

反対に、新築マンションのいちばんの問題は価格です。最近は中古マンションの価格も高騰ぎみの東京ですが、それでも築古物件と新築の間には大きな価格差があります。さらに地方都市では**図表20**にあるように築40年近くまで価格が下がり続けるため、「古いマンションをリノベすれば、新築の半額ですむ」ともいわれます。

［図表20］ 中古マンション築年別平均価格

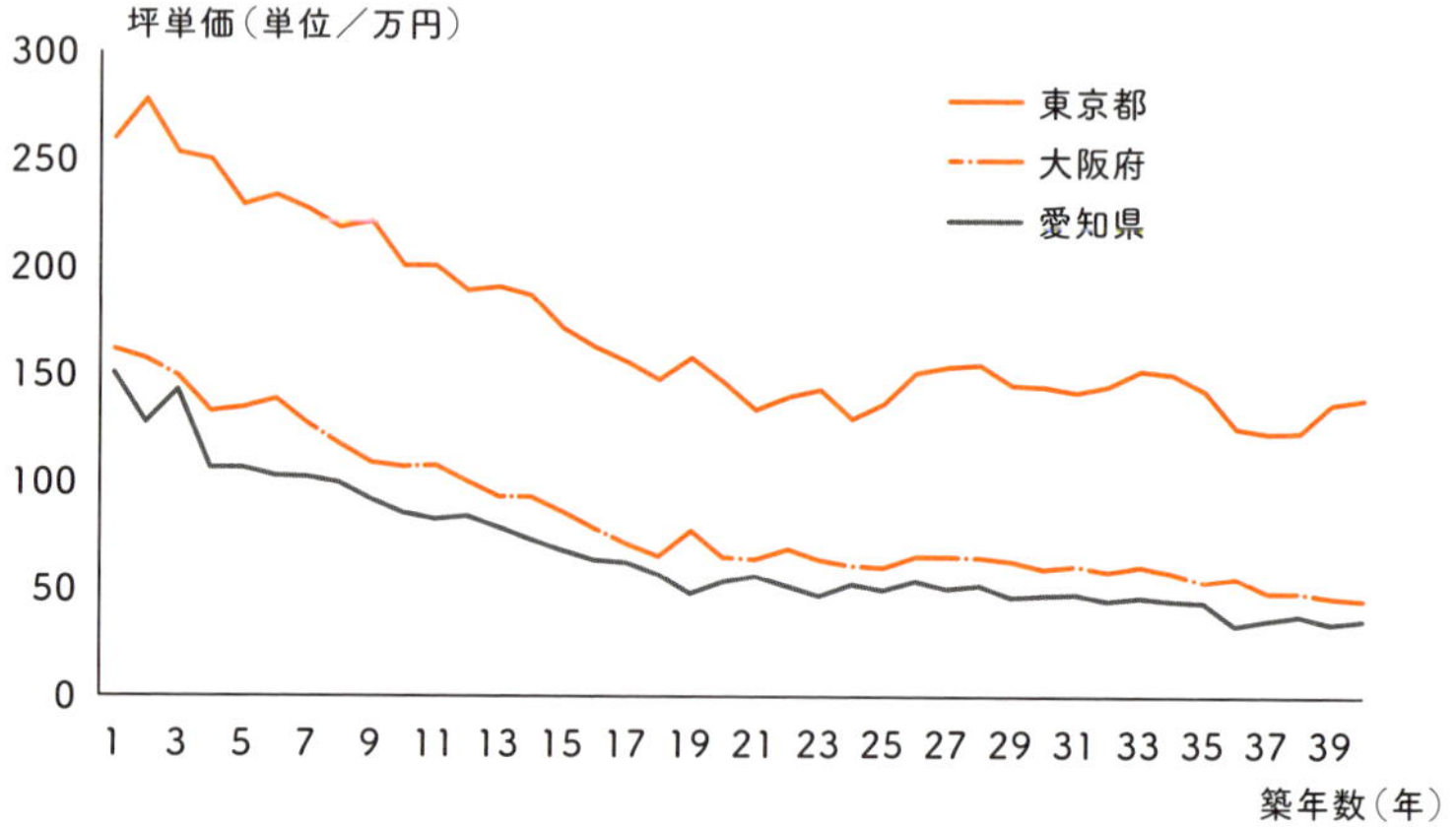

出所：三井住友トラスト不動産サイト
https://smtrc.jp/useful/knowledge/market/2012_07.html

また多くの場合、新築マンションは現物を見て買うことができません。モデルルームは生活感のない空間として飾り立てられており、実際に住んでみると思ったより狭かった、収納が少なかったなどイメージ違いも少なくありません。景観や陽の当たり方、夜間の騒音を予想するのはさらに難易度が高く、数千万円もの商品をパンフレットとモデルルームだけ見て買うなんて、よく考えたらかなり大胆なしくみです。

しかも中古マンションならすぐに住み始められますが、新築マンションは実際に入居できるまで1年近くかかります。その間に転職で通勤ルートの変わる人さえいるでしょう。

ただし同じような部屋がたくさんあるので、中古ほど急いで決める必要はありません。高いし画一的だけれど、新築の購入プロセスは中古に比べ圧倒的に簡単です。

リノベずみ物件か、自分でリノベするか

新築ではなく中古マンションを買おうと決めた場合も、リノベずみ物件を買うか、自分でリノベすべきか迷う場合があるでしょう。

前者の最大のメリットは「すぐに住み始められる」ことです。不動産を買って自分でリノベしたら入居は早くても数カ月後になるし、賃貸物件に住んでいる場合、家賃と住宅ローンの両払い期間が発生してしまいます。だから希望の立地に希望の間取りや価格、内装のリノベずみ物件が見つかったなら、迷わず買えばいいでしょう。

一方、新築であれリノベずみ物件であれ、既存マンションの間取りやインテリアでは満足できないというオリジナルの希望がある人は、自分でリノベするしかありません。私のように「リノベのプロセス自体が楽しそうなのでぜひ経験してみたい！」という人も同じです。

選択肢としてもっと増えればいいと思うのは、スケルトン状態で売られている中古マンションを買うことです。古い内装が残っているリノベ前の中古マンションには「壊してみないと躯体の状況がわからない」というリスクがあります。一方、リノベずみだと（キレイでおしゃれであっても）買い主の希望に添わない部分が必ずあります。中古マンションがスケルトン状態で売られていればリスクも少なく、好み通りに設計することも可能で、極端な話、新築

マンションもスケルトン状態で売り出されればいいのにと思うほどです。

個人の売り主にとっては、わざわざスケルトンにしてから物件を売り出すのは手間でしかありませんが、不動産会社がいったん買い取って再販する物件では、そういった売り方もちらほら見るようになりました。

住むのが先か、リノベが先か

最後にもう1つ、リノベに関する大きな分岐点は「住んでからリノベするのか、住む前にリノベするのか」です。

私の場合は20年も住んだマンションをリノベしました。これだけ長く住んでいると「ここが不便」「ここがこうなっていたらどんなに便利だろう」という問題や要望がものすごく明確です。今回リノベをして「驚くほど住みやすくなった！」最大の理由は、それらが熟知できていたからでしょう。

住んだことのないマンションでそこまで想像を働かせるのは、誰にとってもむずかしいことです。特に部屋の面積が変わる場合は要注意。私は以前、45平米の賃貸物件に住んでいました。今のマンションを買うとき、15平米以上広くなるのだから、あれも置きたい、これも置けるはずと夢想していました。でも、部屋が広くなるとお風呂やキッチンも少しずつサイズアップするため、思ったほどの余裕はありません。

〔図表21〕 マンション購入とリノベのタイミング

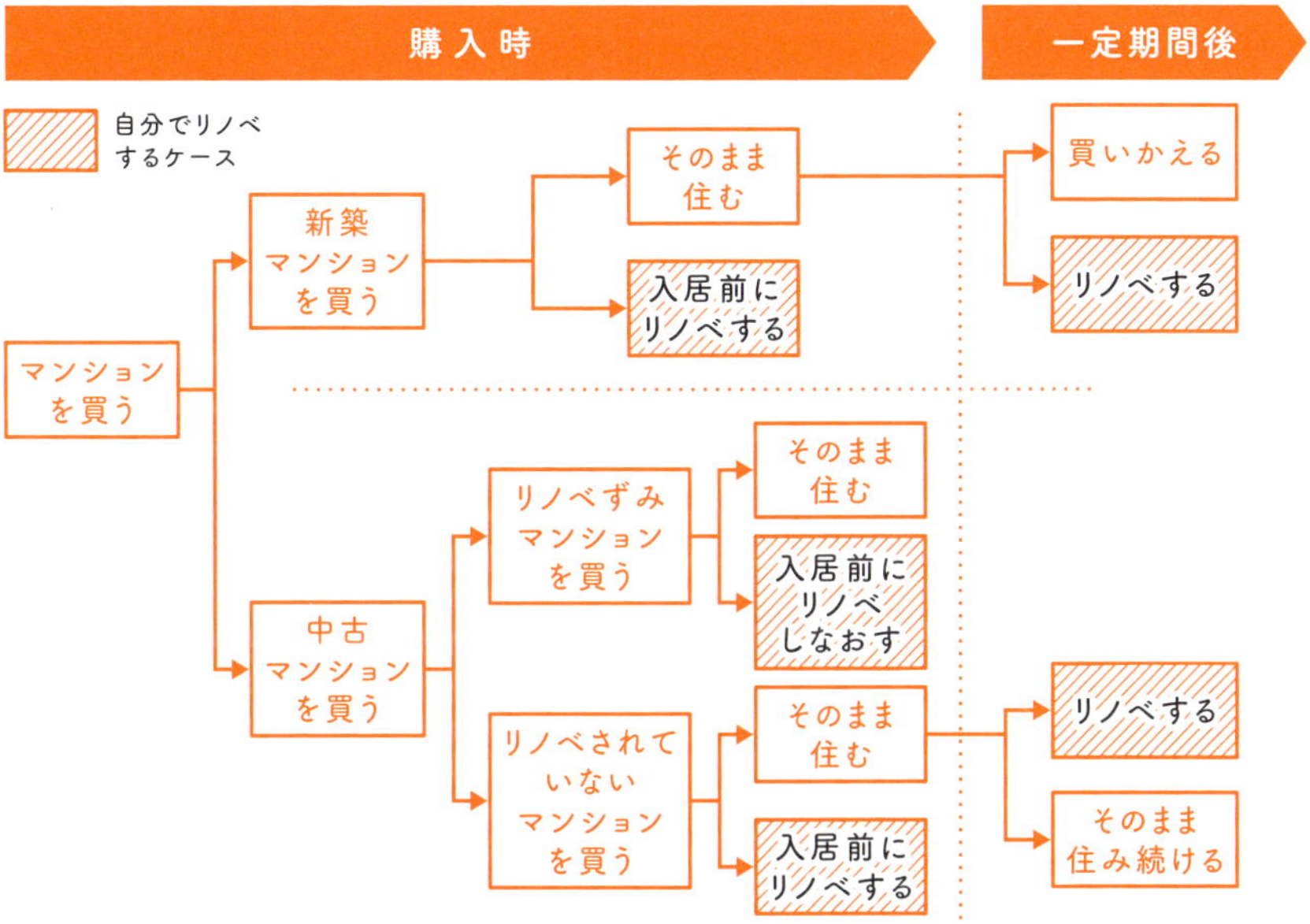

特に賃貸物件のキッチンやお風呂は「賃貸向け」のコンパクトな製品が多く、ちょっとくらい面積が広くなるからといって大きめの設備や家具ばかり選んでしまうと「広くなったはずなのに狭い！」というビックリが起こりかねません。メーカーのショールームでも「サイズの大きな商品」の展示がとても多いので注意が必要です。

そう考えるとリノベを前提として中古マンションを買う場合でも、まずは1年、そのまま住んでみてからリノベする、家具や家電も転居時ではなくリノベ時に買いかえるという選択肢もあるんじゃないかと思います。

せっかくなので最初から新しい家に住みたい気持ちもよくわかるし、転居とリノベを分けると仮住まいが必要になるなど不便も生じます。だからやっぱりリノベしてから入居したいというなら、事前に生活動線などを入念にシミュレーションしておきましょう。

リノベが向かない人もいる？

知人がアメリカでの駐在期間中に一戸建てを建てました。駐在期間なんて長くても10年なのにと思いましたが、彼に言わせれば「アメリカで家を建てるなんてなかなかできない経験だから、長く住めないことはわかっていたがやってみたかった」とのこと。

それほどではないにしろ、マンションのリノベもそのプロセスを楽しめないならやらないほうがいいと思えるくらい時間もコストもかかります。

だから転居の可能性が高い人、家ですごす時間の短い人、一般的な間取りに大きな不満のない人や、細かいことをあれこれ決めるのが面倒でしかない人、そして多忙すぎる人は、新築かリノベずみ物件を買ったほうがいいかもしれません。

また、リノベ会社のなかには設備や内装に関して用意された質問に答えていくだけで、希望の部屋ができあがるイージーオーダーのようなリノベプランを提供している会社もあります。「私だけの部屋」を作りたい人には不向きですが、「細かいことを考えるのが面倒」な人には1つの選択肢だと思います。

第3部

リノベ完成！振り返りとともに

第11章

こんな部屋になりました！

リノベの3つの価値

リノベが終わって半年、その住み心地は想像以上にすばらしく、「生活に合わせて家を作りなおすことでここまで住みやすくなるんだ」と驚きました。

リノベをしたというと友人からは「すてきなおうちが見てみたい！」と言われます。嬉しいけれどこの言葉には違和感もあります。私が感激しているのは「家がすてきになったから」ではないからです。

大きくまとめれば、リノベの価値は3つあります。老朽化した設備が新しくなること、内装デザインを好みのものに変更できること、最後が、快適かつ暮らしやすくなることです。

このうち**スケルトン・リノベの最大の価値は「圧倒的に暮らしやすくなること」**でしょう。

［リノベの価値］

① 新しくなる

② 好みの内装になる

③ 暮らしやすくなる

リノベのあと、これまで使っていた大量の延長コードを処分しました。新しい部屋では必要なところにコンセントがあるため、延長コードがいらないのです。たこ足配線もすべて解消されました。大量のコードは、既製の部屋をなんとか自分の生活に合わせようと四苦八苦していた以前の暮らしの残骸です。

回遊型でゆるやかにつながった準ワンルームともいえる間取りは無駄な廊下がなくなった分、スペースにゆとりができ、どこに行くにも最短距離で動けてノーストレスです。部屋がちらかるのも「モノが多すぎるから」だけではなく「収納場所がおかしかったからだ」と理解できました。かたづけやすい場所に収納スペースがあれば、モノがあふれ出すことはありません。

二重窓をつけ、断熱をやり直した効果も抜群で、冬、朝晩の冷え込みははっきりわかるほど緩和されました。結露の量も半分以下になっています。ミストサウナと打たせ湯がついたお風呂はスパ状態だし、広い調理スペースが確保できたキッチンの使い心地も今までとは比べものになりません。外出から戻り、玄関を開けた瞬間の空間のひろがり、そして開放的なトイレに慣れてしまうと、一般的な間取りのマンションにはもう住めないと感じてしまいます。

これらリノベの詳細は、次頁以降のビフォー・アフター写真でじっくりご覧ください。

［写真22］　リノベ前の我が家

ひとり暮らしなのに部屋が3つに分かれており（2LDK）、1部屋は物置に、1部屋は無駄に大きなベッドルームになっていました。ベッドからトイレや洗面所が遠すぎて朝晩も面倒でした。

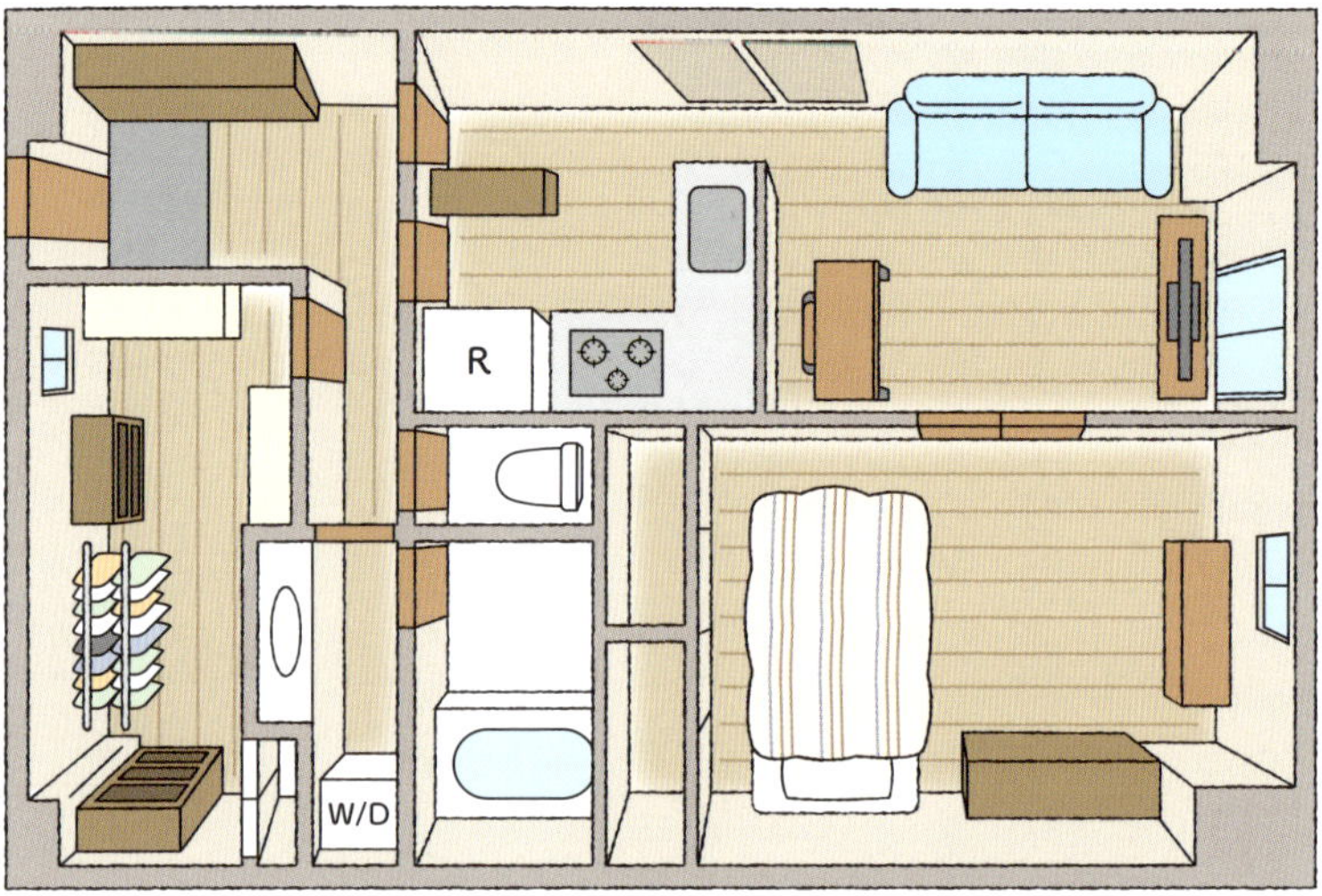

個人情報保護のため一部、実際の間取りと異なっています。

写真22-a　ベッドルームは広すぎてスペースがもったいなかった。

写真22-b 広さを確保するためリビングで使うものまでほかの部屋に収納していたので、取りにいくのが面倒でした。

写真22-c 物置として使用していた部屋、ほかの部屋で使うモノもすべてここに収納しており、動線が非効率でした。（この部屋のみ荷物を運び出してから撮影）

［写真23］　リノベ後の我が家

3つのスペースを2つの引き戸でつなぐ回遊型の間取り。
それぞれ異なる雰囲気のインテリアにしています。

写真23-a　椅子に座ってゆっくり身繕いできる洗面室＝パウダールーム。
グリーンの壁紙に白い設備品を配し、爽やかで明るい雰囲気に。

(左)写真23-b ワークデスク、ベッド、ソファを1部屋に配したホテル仕様のメインルーム。外壁用のタイルや暗めの壁紙に間接照明を配し、ハードタイプのインテリアに。

(下)写真23-c 打合せ、収納、パッキングなど、多目的に使える玄関ホール。
お客様には土足のまま入ってもらい、私はスリッパ履きで使用。イタリア製のタイルやジャングル＆レンガ模様の壁紙を選び、パティオ風のインテリアに。

［写真24］　メインルーム詳細

写真24-a
テレビコーナー。すべてのエリアからテレビが見られます！

部屋を区切らないことで、クーラーも1つでよいし、どのスペースも視界が開けてゆったり。

写真24-b　ベッドコーナー。独立した部屋にせずスペースを有効活用。お昼寝にも便利。

写真24-c ソファコーナー。ネット会議のときにも「自宅感」が伝わりません。

写真24-d ワークスペース。左奥に造作した書棚に事務機器と書類をすべて収納。

［写真25］　玄関ホール詳細

写真25-a　天井はフェイクグリーンで飾り付け。空調や電源も完備で快適！

玄関土間を広くする
リノベは多いけど、
「土間不要。玄関を開けたら
すぐ居室にしたい」
とお願いしました

写真25-b　打合せ時はワークスペースからキャスターつきのテーブルを移動。玄関をあけるといきなりこの部屋なので、みんなビックリ！

写真25-c　左側は白いレンガ模様の壁紙。

写真25-d　右側はジャングル模様の壁紙。

扉を開けると……

写真25-e　コート、外出着など「外出時にしか着ない服」はすべてここに収納。幅が2メートル以上あり、衣替えも不要に。

写真25-f　玄関ドアに近い奥側が靴箱、手前にはスーツケースや旅行グッズを収納。旅行前のパッキングにも余裕の広さ！

写真25-g　手持ちのスーツケースに合わせて造作。

［写真26］　洗面室詳細

写真26-a　お風呂のドアは引き戸が便利です。（浴室のドアは浴室内側に開くため）開き戸だと中で人が倒れるとドアが開かなくなります。
親と一緒に入浴した小さな子供を先に外に出す際にも、開き戸と違い、ドアが邪魔になりません。

写真26-b　上のドアを開けたところ。ショールームで入浴体験をして感動したシャワーシステム。特に気持ちよいのが「打たせ湯」です。

ミストサウナも（シャワーシステムとは別に）つけているため、お風呂がまるでスパのよう。

写真26-c

右側:幅160センチの洗面台。

中央:踏み台を兼ねた椅子。

奥右:化粧品や予備の洗剤を保管する棚。

奥左:洋服の仮掛けラダー。
壁についているのは扇風機。
夏や梅雨時に使用予定なので、今はホコリ避けに黄色のスカーフを掛けています。その下にはドライヤーを掛ける専用フックも。

左側:幅120センチのオープンクロゼット。タオル類、下着、パジャマ、ホームウエアはすべてここに収納。

写真26-d 洗面台の下はオープンで車椅子でも利用可能。

写真26-e トイレの壁もなくし圧迫感のない広々としたスペースに。奥にあるのがショールームで衝動買いした手すり。まさか「トイレの手すり」を衝動買いする日が来るとは思いませんでした。ショールーム恐るべし……。

収納場所は玄関と洗面室

今回のリノベでは玄関と洗面室をメインの収納スペースとし、この2カ所に大型収納を設けました。玄関の収納をここまで大きくした理由は、「家の中ではまったく使わないもの」が大量にあると気づいたからです（**写真25e・f**）。

靴や傘はもちろん、冬のコートやマフラー、外出用の服、スーツケース、旅行先でしか使わないマリンスポーツの道具。ほかにも、マスクや腕時計、ハンカチにサングラス、スポーツジムに持っていくシューズやバッグなどは「家の中」では一切使いません。そうであれば、これらを部屋に持ちこむ必要はありません。

そこで玄関には、左右それぞれ間口2メートルという大型収納を作りつけました。また、スーツケースをひろげてパッキングしたり、宅配便のダンボールを開けたりという「部屋の中でおこなう必要のない作業」もすべて玄関でできるよう、床面積も大きくとりました。

こうして玄関をあけるとすぐに巨大なクロゼットつきの玄関ホールが現れ、外出前の準備と帰宅後のかたづけはすべてここで完結できるようになりました。

外出着は玄関ホールに収納した一方、家で着る服はすべて洗面室に収納することにしました。ウオークインクロゼットを含め、衣類の収納場所はベッドルームについていることが多いのですが、私の生活動線ではそれが適切とは思えなかったからです。

家の中で着る服には、昼間に着るホームウエア（日常着）と夜に着るパジャマがあります。私がこれらを脱ぎ着するのは朝の洗面後と夜の入浴時です。だったら両方とも洗面室に収納するのが合理的。

リビングのソファが洗濯モノに占領されている家が多いのですが、あれは洗濯モノを干す場所と収納する場所が遠く、その移動ライン上にソファがあるためつい置かれてしまうのではないでしょうか。我が家では洗濯モノは乾燥機と浴室干しで乾かすので、そのすぐ近く（洗面室）に収納を設けたところ、「かたづけるために洗濯モノを持ち歩く」必要も「着るモノを取りに行く」必要もなくなって、朝、夜の動線がとてもシンプルになりました（**図表22**）。

もし洗濯モノはすべてベランダに干すというなら、ベランダのすぐ内側に衣類の収納場所を作ってもよいのです。リノベ時に造りつければ、リビングのインテリアにマッチした収納庫にすることも可能でしょう。

それぞれの家庭ごとにベストな収納場所は異なると思いますが、既成概念にとらわれず、どこになにを収納するのがベストなのかゼロから考え直すことで、家は圧倒的にかたづきやすくなるはずです。

［図表22］　洗面室での動線

朝の動線

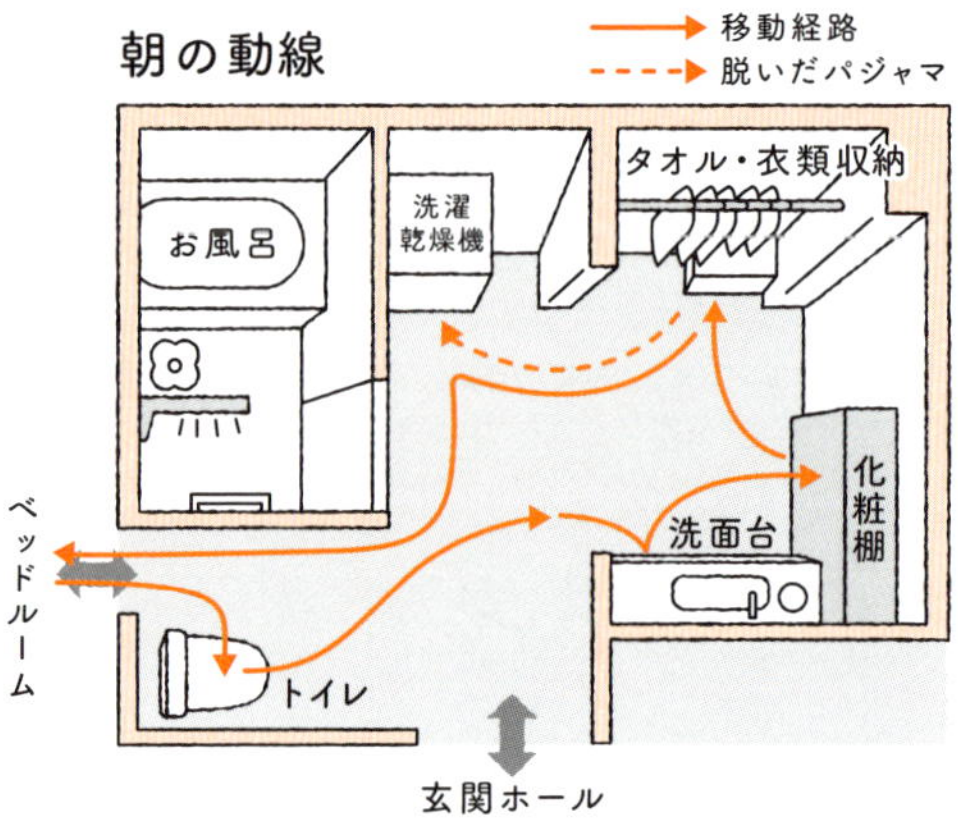

夜の動線

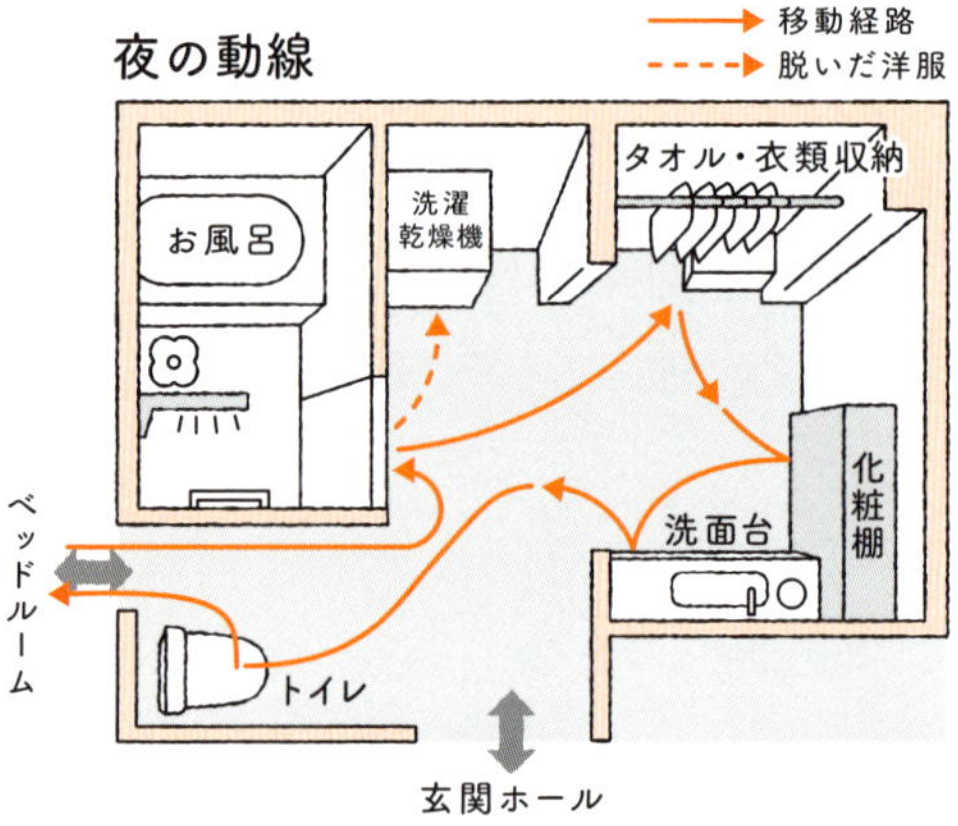

洗濯モノの移動経路

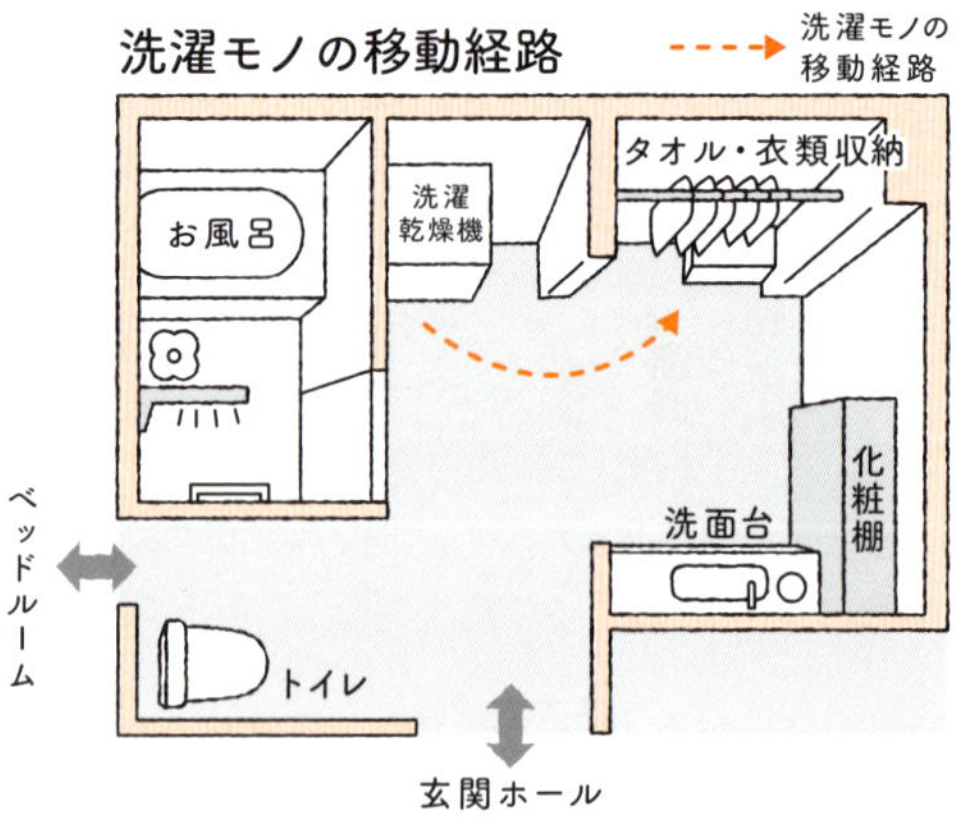

［写真27］ 機能重視の洗面室

写真27-a リノベ前の洗面台。底の丸いボウルの中にも、その横の狭いスペースにも手洗いでの洗濯に使う洗面器が置けませんでした。

写真27-b リノベ後の洗面台。洗面台の上に洗面器が置け、水栓蛇口もその上に回せて超便利！

（右）写真27-c
洗濯機の横の壁にはハンガーを分別しながら収納できるフックをつけました。
ハンガーが絡まらずとても使いやすい。

（左）写真27-d
棚の中に電動歯ブラシ充電用のコンセントを設置。扉がないので歯ブラシもよく乾きます。

［写真28］　造作収納：仕事用の書類棚

写真28-a　仕事用の書類棚は、愛用のファイルボックスの高さや幅に合わせて造作してもらいました。

中段はプリンタ、スキャナ、シュレッダー、ルーターがぴったり収まる幅に作っています。

しかも棚の内部（背面と側面）に　LANの差しこみ口やコンセントをつけてもらったので　（下右）、コードなど配線がまったく見えません。

このように、最初から収納するものに合わせて作ってもらえるのが造作収納の最大のメリットです。

<造作家具のメリット>
1. ぴったりに作れる
2. 配線が隠せる
3. 地震で倒れてこない

（下左）写真28-b　中段拡大
（下右）写真28-c　中段の奥側面

[写真29] 造作収納:バッグ専用クロゼット

写真29-a しまいこむと使わなくなってしまうバッグをすべて収納できる専用のクロゼットを造作。

扉を開けると……

写真29-b オンシーズンのバッグを取り出しやすい位置にかけて使いやすく。

写真29-c クロゼット内の左右の壁には一定間隔にポール受けが設置されているので、ポールの高さも変えられます。

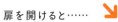

廊下もドアもいらない

以前の住まいでは玄関と浴室のドアを含め8つもドアがあったのですが（写真30）、リノベ後は4つになりました。玄関扉と浴室ドア以外では、回遊型にした洗面室の入口と出口だけです。しかも今回は2つとも引き戸なので、開ければ完全にオープンになります。

ドアの存在理由の1つは、生活スタイルの異なる家族が干渉せず同居するためです。早く寝る人、テレビの音が嫌いな人、風邪をひいた家族を子供や受験生から隔離するためなどにドアは存在します。だからひとり暮らしだという時点で大半のドアは不要です。

もう1つ、ドアが必要な理由として挙げられるのが「冷暖房効率」です。ですが私には「冷暖房効率をあげるために、リビングと寝室だけを快適な温度にし、廊下やトイレは夏は暑く、冬は寒くても我慢するべきだ」というロジック自体が理解できません。

光熱費を節約するために家の中に大きな温度差を作り、心臓マヒや脳溢血で倒れてしまっては本末転倒です。せっかくリノベをするのだから「廊下や洗面所が冬は凍えるほど寒く、夏は汗が噴き出すほど暑いけれど、光熱費が節約できる家」ではなく、「光熱費はかかるけ

写真30 リノベ前の家の廊下とドア。写真では見えませんが右側にもドアがあります。

れど、どこにいても適温で住みやすい家」を実現したいと思いました。

光熱費の節約は（寒さ暑さを我慢するのではなく）各機器を最新の省エネ設計のものに交換し、二重サッシや断熱材で実現するほうがよほど合理的です。

また、リノベ前は60平米中4平米が廊下として使われていましたが、リノベ後はその分の面積を収納や居住スペースに充当しました。玄関もリノベ前は「玄関だけのために2平米」が使われていましたが、今は「玄関でもあり仕事の打合せ場所でもあり、かつパッキングやDIY用のスペースを兼ねた8平米」となりました。

ワンルームにした居室や、トイレと一体化した洗面所も同様で、スペースを細かく区切らず多目的に使えるようにすることで狭い面積を有効活用しています。

機能性にこだわり 家を3つのスペースに

こうして新しい家には居室、玄関ホール、洗面室という3つのスペースができました（230頁、**写真23**）。廊下も床の段差も開き戸もないバリアフリーです。

海外への出張旅行では広めのホテルの部屋で仕事をすることも多く、ベッドとソファやデスクが一室にある部屋の使いやすさを実感していたのと、（テレビっ子なので）どこからでもテレビが見られるよう、1つの居室にベッド、ソファ、ワークデスクをすべて配置しました。

ワンルームだとクーラーも1つでいいし、どこにいても視界が開けてゆったりすごせます。

なお、リビングにベッドを置くのは（体力が落ちて、食事後などこまめに昼寝が必要になる）高齢者向けのリノベでもお勧めです。

洗面室にはタオルやホームウエアがすべて収納できるだけでなく、座ってゆっくり身繕いできるスペースが確保されています。洗面台の下は収納をつけずオープンにしてあり、万が一車椅子に乗ることになっても生活しやすくしました。

洗面台にもこだわりました。洗面台の用途は洗顔、歯みがき、化粧、ひげ剃り、髪染めなどのほか、女性なら手洗いや浸け置き洗いをする人も多いでしょう。高価で繊細な下着やストッキング、スカーフや、あえて具体的には書きませんが、一定年齢までの女性なら毎月、何回も浸け置き洗いをしているはずです。育児や介護をしている家でも、分けて手洗いしたいものがあるでしょう。

ところが世の中には「浸け置き洗いに向いた洗面台」がほとんどありません。洗面ボウルの中で浸け置き洗いをすると、その間、手が洗えなくなります。かといって洗面台は狭く、洗面器を置く場所もないことが多いのです（写真27－a）。

新しい洗面台はスペースが広く、浸け置き洗い用の洗面器を乗せても邪魔になりません。また、首振り式の水栓が洗面ボウルの（中央でなく）端についているため、水をボウルの外（洗面台の上）においた洗面器で受けることができます（写真27－b）。

そういって興奮気味にこの洗面台を選びたい理由を説明したら、設計士の方から「こんな（デザイン性や価格の高い）洗面台を機能で選ぶ人はいません」とあきれられました。

収納についても自分の生活と持ち物にあわせ造作してもらったので、必要なものがすべて収まりサイズもぴったり。**写真28・29**にあるような書類棚やバッグ専用の収納庫、洗濯用ハンガー掛けの便利さは既成家具では手に入りません。

こうして徹底的に暮らしやすさにこだわり「なんて住みやすい！」と驚ける家が完成しま

した。なにもかも新品ですてきにもなったけれど、それより価値が高いのは日々の快適さ、そして暮らしやすさの向上なのです。

失敗談が載ってない……

リノベ雑誌やリノベ会社のサイトに載っている体験談には、なぜか失敗談が含まれていません。でも失敗談こそあとからリノベする人の役に立つので、ここではあえて「タイムマシンに乗って戻れるなら違う選択をした」と思えることを書いておきます。

我が家の場合、それは照明プランです。私は「暗い部屋が好き。明るい部屋は苦手」と何度もリノベ会社に伝えていました。だからリノベ後の居室には、白昼色の照明はゼロ、明るさもコントロール可能で、私好みの「明るすぎない部屋」が実現しました。

ところが「明るさ」と同時に「眩しさ」も苦手であることに（自分自身）気づいたのはリノベのあとでした。このためダウンライトの取り付け位置の検討を怠り、いくつかの照明はとても眩しい位置になってしまいました。

なぜ「眩しさ」という観点に気づけなかったのか。まず、照明について検討したのが詳細設計の最後で、引越準備や仮住まい探しが始まった時期だったこと。多忙になってきたため、お風呂やキッチンのショールームには何度も出かけていたのに、照明はどこにも見に行かず、打合せだけで決めてしまいました。照明の重要性をそこまで理解していなかったこともあり、忙しさにかまけて「じゃあそれで」的な判断をしてしまったのです。

また、これまでLEDやダウンライトをメイン照明として使った部屋に住んだことがなく、「光量を落としても眩しい照明がある」なんて、想像もしていませんでした。過去に使ったコトのない機器や設備を採用する際は、それらを使っている人に話を聞いたり、「商品名＋デメリット」で検索し、ネットで体験談を探すべきだったのでしょう。

多くの場合、照明プランは詳細設計の最後という多忙な時期、かつ、リノベ計画にも疲れてきたタイミングで決めることになりますが、頑張ってしっかり考えましょう！

リノベ工事は新築工事よりむずかしい

もう1つ、引渡後に初めて理解できたことがあります。それは、リノベ工事は新築工事よりはるかにむずかしいということです。リノベ会社の人にとっては「わざわざ言うまでもない当然のこと」ですが、そうわかっている施主はほとんどいないのではないでしょうか。

そもそも新築マンションを建てる際は丸ごと工事現場ですが、リノベは上下左右に人が生活している空間で工事をするため、気を使わなければならないことが多々あります。

また新築マンションでは細かい凹凸のある白系の壁紙がよく使われていますが、ああいう量産系の壁紙は「濃い色の個性的な壁紙」よりはるかに施工が簡単です。貼り合わせ（ジョイント）部分や、入居後についた傷も目立ちません（**写真31-b**）。

加えて、普通のマンションは101号室、201号室、301号室と縦に並んだ部屋はすべて同じ間取りです。壁紙ひとつ貼るにせよ、新築時のように同じ部屋をいくつも施工していたら、職人さんもどんどん慣れてきます。最初の部屋で不具合を発見したら、次の部屋からは工夫してその問題を解決するでしょう。「新築マンションは大量に画一的なものを作っているからこそ品質が安定している」のです。

でもリノベでは、「こんな施工は過去に経験したことがありません」といったオリジナルな施工を依頼されます。だからプロとはいえ、試行錯誤しながらの作業なのです。

今回、引渡後に「これはちょっと……」とお願いして手直ししてもらった箇所がいくつかあるのですが、これらについては設計士や現場監督の方にとっても「そうか、こんな問題が起こるのか」という感じだったんじゃないでしょうか。

そして、そういう経験が学びとして積み重なるからこそ「規模的にも予算的にもデザイン的にも、自分の希望に似たリノベ」の経験が豊富な会社に依頼することが大事なのです。

リノベする人の中には、2つのタイプの人がいます。「よくあるタイプの家」では満足できず、細部にまで自分の希望を反映させたい私のような人と、「新しくキレイでおしゃれな感じの部屋になればそれでいい」という人です。ネットや雑誌のリノベ事例をたくさん見ていくと、「これは施主のオリジナル発想」「これはよくあるリノベパターン」と区別できるよ

[写真31] リノベならではの壁紙

写真31-a 玄関ホールと洗面室をつなぐ引き戸には、表と裏にそれぞれ異なる壁紙を貼りました。

玄関側に貼ったアンティークドア模様のシートは、コットンベルベットという柔らかい布のような素材で、職人さんにとっても初めての施工、とてもチャレンジングだったと思います。

設計士さんも現場監督さんや職人さんも「こんなの初めて」「緊張します……」と不安そうでしたが、ものすごくすてきにできあがりました。

写真31-b リビングの壁に選んだ濃い茶色の壁紙。

どれだけ丁寧に施工しても、白い壁紙よりはジョイント部分が目立ちます。
壁紙の裏は白なので、フック用のピンを刺した跡や、ガサツな私がモノをぶつけるたびにできる(白い壁紙なら目立たない)小さな傷も目につきます……。
施工の完成度の高さと、超個性的な意匠のどちらを優先したいのか、よく考えましょう!

うになります。

もしあなたが前者なら、そういうオリジナルリノベに理解がある会社を選んだうえで、さらに設計士を洗脳するくらいの勢いで希望を伝えないと、相手に任せれば任せるほど部屋は普通になってしまいます。

そしてそういうリノベでは、すべてが（自分だけでなく設計士にとっても現場監督にとっても職人にとっても）チャレンジなのだということを理解し、発生した問題は一緒に解決していく姿勢が求められます。もちろんコストも高くなって当然です。

一方、そこまで独自の希望はないというなら、どうしてもこだわりたい部分以外はリノベ会社のお勧め案を採用しましょう。「よくあるタイプの部屋」とは、職人さんが施工に慣れており、「あっと驚くようなトラブル」の起こりにくい部屋です。そしてそれが結果としてコスト削減にもつながっていくのです。

[写真32] そのほかの特別な依頼

写真32-a 災害備蓄品用の戸棚。
上部には簡易トイレ、カイロ、電池、ラジオ、マスク、懐中電灯など。中段から下は飲料のペットボトル置き場です。玄関脇なので、宅配で届いた飲料をすぐに収納できます。

地震時は水も
エレベーターも止まるので、
飲料水の備蓄は
必須です!

写真32-b マグネットウオール。壁紙の下に磁石の効く石膏ボードを貼ってもらいました。愛用の大型メトロマップと、普段使いのアクセサリーをマグネットフックで掛けています。

※メトロマップに関する参考エントリ
https://chikirin-personal.hatenablog.com/entry/20110405/p1

リノベのポイント

39 スケルトン・リノベの最大の価値は「圧倒的に暮らしやすくなること」です。常識にとらわれず、徹底的に自分の生活動線に合わせた収納プランや間取りを実現しましょう。

40 照明プランは詳細設計の最後に決めるので時間も足りなくなりがちですが、暮らしやすさに大きく影響するのでしっかり考えましょう。

41 リノベは新築よりはるかにむずかしい工事です。よくあるパターンではなく自分オリジナルのリノベを追求したいなら、協力して問題を解決できるリノベ会社を選び苦楽をともにしましょう！

第12章

引越、そして モノとの格闘

リノベというと引越が面倒と思う方も多いでしょう。けれど本当に大変なのは、引越よりモノの処分です。今あるものをすべて新しい場所に運ぶだけなら、目の前のモノをひたすらダンボールに放り込めばいい。それは（時間はかかるけど）頭をまったく使わない作業です。お金を払って業者に依頼することもできます。でも、「なにを」「いつ」「どうやって処分するか」を決めるには、かなりの「脳」力を要します。

モノを処分するのは大変な時代

環境問題が深刻になるなか、モノの処分費用と手間はどんどん大きくなっています。しかも種類や大きさにより、処分方法自体も異なります。

① 自治体により回収方法が決められている粗大ゴミ（大半の地域で有料）
② 粗大ゴミで引き取ってもらえない（もしくは自分で運べない）大型家具
③ リサイクル義務のあるテレビ、エアコン、冷蔵庫・冷凍庫、洗濯機・衣類乾燥機
④ 廃棄前に個人情報の消去が必要なパソコンやスマホ
⑤ 化学品、農薬など産業廃棄物として特別な業者への処分依頼が必要なもの

我が家にも①②③が存在しており、最初は「引越業者にまとめて処分してもらおう！」と思っていました。ところが問合せをしてみると、大手の引越業者すべてから断られてしまったのです。

N社の回答：引越はやっているが処分はやっていない
A社の回答：処分できるのはリサイクル家電だけ。ほかの不要品の処分は不可
S社の回答：処分業者の紹介はできるが自社では処分は引き受けていない

なぜ⁉

大手の引越業者はテレビCMを流し、全国で引越を請け負っています。しかし不要品処分を全国で請け負うと、実際の業務は各地域の処分業者に再委託する（下請けに出す）ことになります。産業廃棄物処理業には、各都道府県や市町村の許可が必要だからです。

ところが各地で雇った下請け業者が山奥などに不法投棄をしてしまうと、発覚の際には引越業者も処分を受けます。過去に何度か処分を受けた引越業者はそのリスクに耐えられず、処分業から撤退してしまっているのです。

そこで専門の処分業者をネットで探したのですが、この分野は無許可業者や高額請求、押し売りならぬ押し買いなどのトラブルも多いため、業者選びにはかなり気を使いました。

【参考】　東京都のサイト「違法な不要品回収業者について」
http://www.kankyo.metro.tokyo.jp/resource/industrial_waste/improper_handling/fuyouhin.html

そして引越の3週間前にベッドを始めいくつかの大型家具を先に処分しました。これにより（その後はカウチソファで眠ることになりましたが）それらを置いていたスペースが引越作業のために使え、とても便利でした。

反対に、処分予定だけれど引越当日まで使いたいものはどうすればいいのでしょう？　これらの処分を引越業者とは異なる処分業者に依頼すると、（どちらも車で来るので渋滞などで時間が読めず）同日処理ができなくなります。あまりに面倒だったので、「やっぱり引越と不要品処分をどちらもやってくれる業者を探そう」とふたたびネットにへばりつきました。そしてようやく**引越、不用品処分、さらには荷物の一時保管もやってくれる会社を見つけました。**

そこは地元の小さな企業だったので廃棄処分も下請けに出す必要がなく、過去に処分を受けていないので、すべての業務を引き受けられるとのこと。この会社が見つかったときは本当にホッとしました。

ネット上には、「複数の引越業者による一括見積もりが可能！」とうたうサイトがたくさんあります。転居元と先の住所や部屋の広さ、家族構成などを入力すると10社程度（以上？）の業者に一斉送信され、各社から見積もりが届きます。

こういったサイトはシンプルな引越で値段だけを比べたい人には向いていますが、私のように「処分や保管も手がけている会社を探したい」という場合は向いていません。連絡欄にそういうリクエストを書いても、まったくおかまいなしに（そしてひっきりなしに）登録した携帯番号に（引越しか手がけていない）会社から連絡が入ります。個人情報の使われ方が心配なサイトもあるので、**本当にそんなにたくさんの会社に見積もりを出してもらう必要があるのか、よく考えてから使いましょう。**

また、3月は引越料金が高騰するだけでなく、直前では業者が見つけられないことも増えています。可能なら、リノべに伴う引越も3月は避けて計画しましょう。

最終的に今回は、引越、処分、保管の合計料金として45万円ほどかかりました。

- 事前の大型家具6点の処分に6万円
- 引越当日の処分料が、冷蔵庫や家具多数で6万円強
- リノべ前、仮住まいと保管倉庫への荷物運搬料金が10万円強

・リノベ後、仮住まいと保管倉庫から荷物を戻す料金が10万円強
・家具を含む大量の荷物の保管料が3カ月で12万円

今回にかぎらず、**私はこういうサービスにたいして値引き交渉をしません**。相見積もりはとりますが、「他社はもっと安いから、それより安くしてくれたら依頼する」という形の交渉はしないと決めています。

私自身、顧客企業から「△△さんなら○万円でやってくれる」などと言われても、仕事を受けることはありません。そんな客のために働きたいとは思わないからです。自分がやられてイヤなことは、他者にも求めたくありません。

ただ、**相見積もりは必ずとるべきです**。大手の引越業者は処分も保管もできないのになんと見積もり額が70万円！　大企業というのは（テレビCMを流すというのは？）それだけコストがかかるということです。

自宅をリノベ中、荷物はどこに？

新たに物件を買ってリノベするなら引越も1回ですみますし、パッキングも適当でかまい

ません。詰めた荷物は引越の当日に自分で開けられるからです。

一方、自宅マンションをリノベする場合は、工事中は仮住まいに住み、終了後に戻ってくる必要があります。スケルトン・リノベには2カ月から3カ月かかりますから、その間どこに住むのか考えねばなりません。そこで悩んだのが、次のどちらにするかです。

① すべての荷物を仮住まいにもっていく
② 必要最小限のものを仮住まいにもっていき、残りは倉庫に預ける

①の場合は今の荷物がすべて入る仮住まいを探す必要があります。ちなみに民間アパートは長く住んでくれる人を探しているので、数カ月では貸してもらえないことも多いし、短期間でも敷金や礼金がかかるので割高です。

このため**リノベ中はUR賃貸という独立行政法人・都市再生機構の部屋を借りる人が多い**のですが、ここなら礼金はゼロ、敷金も大半が戻ってくるとはいえ、数カ月の滞在でも水道や電気、ガス、インターネットなどの契約手続きを自分でする必要があり、退去時にはそれぞれ解約手続きも必要です。

また、部屋についているのはエアコンと照明器具くらいで、洗濯機も冷蔵庫もありません。このため新居では使わない予定の古い冷蔵庫や洗濯機も（引越代金を払って）運びこむ必要があ

ります。数カ月のために仮住まいの窓に合わせたカーテンも必要です。
けっこう面倒ですよね?

②の大半の荷物を倉庫に預けてしまう場合はどうでしょう? これなら仮住まいは狭くていいので、家具つきアパートやシェアハウス、民泊物件への長期滞在や、滞在型ホテルといった多彩な選択が可能になります。

荷物の保管料が必要になるし、パッキングも複雑になるといったデメリットはあるものの、私にはこちらのほうがよさそうだったので、リノベ中は仕事に便利なエリアで家具つきマンションを借りることにしました。

なお**荷物の保管業者を選ぶ際は、具体的な保管場所を必ず確認しましょう。**保管業者といっても自社倉庫を持っておらず、よくわからない別の会社に再委託する会社や、山の中の荒野に広く安い土地を借り、ボロボロの中古コンテナを並べてそこに荷物を放り込んでいる業者もいます。

「土砂崩れや洪水で流されちゃうのでは?」といった心配は極端だとしても、炎天下、汚れたコンテナの中に雨ざらしで放置されたくない高額家具を預ける人もいるでしょう。

また、荷物の保管には保証人が必要というところもありました。荷物を預けたまま引き取りに来ない人がいると、処分できなくて困るからです。このあたりは見積もり時に保管契約のコピーをもらい、正式依頼の前に確認しておきましょう。契約書には万が一の場合の、荷物の補償上限額も書いてあります。

いろいろな部屋に住むと リノベの参考になる

滞在を決めた都心の家具つきマンションは、家賃は割高ですが、入居したその日からネットも使え、必要な家電も備えつけで快適でした。しかも1週間に一度お掃除に入ってもらえたので、むしろ自宅よりラクができたくらいです。

また滞在中には「会社員時代、賃貸ではなく、こういうところに住めばよかった」と何度も考えました。留学を終えて30歳で帰国した私はなんの迷いもなく賃貸マンションを借り、家具や家電を買いそろえ、毎日の通勤時間、満員電車にもみくちゃにされました。

でも当時は、家には寝に帰るだけの生活だったのです。だったら都心で会社に近い家具つきアパートに住めばよかった。そうすれば敷金、礼金、更新料がいらないだけでなく、家具や家電を買う必要もありません。気軽に引越せるし、通勤ラッシュに苦しめられることもない。多少家賃が高くても十分に価値があったと思います。あのときなぜ、こういう住まい方を検討しなかったのか、タイムマシンがあれば昔の自分に勧めに行きたいくらいです。

ちなみにこの仮住まいには、これまで使ったことのなかった家電や設備がついていました。どれも実際に使ってみると、使い勝手がよくわかります。たとえば……

- フレンチドア（観音開き）の冷蔵庫……こんなに使いにくい冷蔵庫は一生買わない。
- ＩＨコンロ……鍋が重すぎ。ただしコンロがフラットなので、煮炊きしないときは作業台として使えて便利。
- ドラム型洗濯乾燥機……使いにくい！
- 白い陶器のシンク……汚れが目立ちすぎ！　シンクはステンレスがいい。

（参考ブログＵＲＬ　httPS://chikirin-shop.hatenablog.com/entry/20171001/p1）


ここで初めて気づいたのですが、「いろいろな家に住んでみる」のはリノベプランを考えるうえでとても役立ちます。というのも、家電や家具は値段も高いのに、購入前に試用することができません。システムキッチンやトイレ、シャワーなど簡単に買い換えられないものでも「１回も使用せずに買うかどうか決めないといけない」のです。

今回、家具つきアパートに短期間住んで、こういうところに住むのは、**検討中の家電や住宅設備を体験するという目的でも役立つ**と気づきました。しかも今は民泊があります。

［図表23］ 利き手とバスタブの位置関係

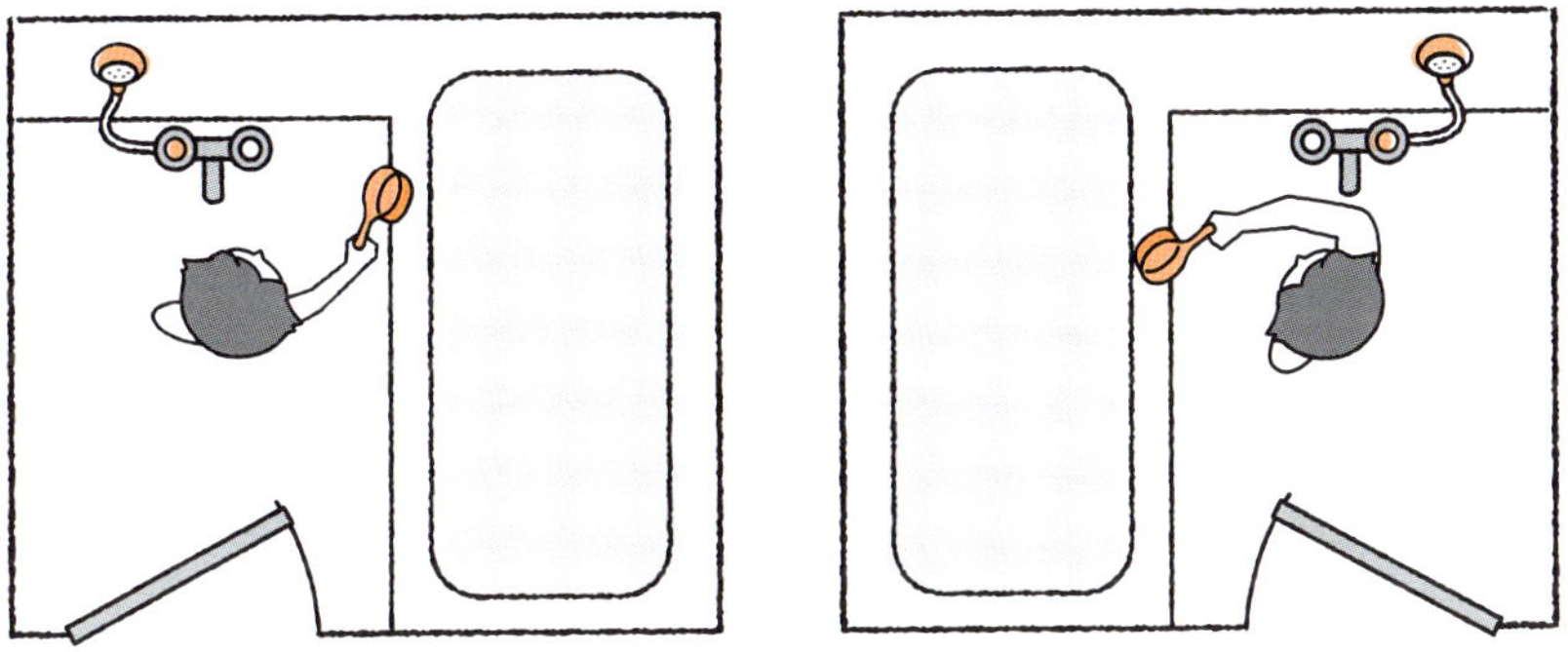
リノベ前の自宅浴室
（リノベ後の浴室もこちら）
右手でお湯がくみやすい
仮住居の浴室
利き手の右手ではお湯がくめない！！

民泊物件のなかには、最新設備を備えた高層マンションから内装に凝ったおしゃれな部屋まであり、海外を含めれば、「家電・家具の体験型ショールーム」です。

たとえば金色の猫足がついた洋風バスタブ。おしゃれで大好きという人もいるでしょうが、フランスのホテルで何度も使用経験のある私にはありえない選択でした。追い焚き機能がついていないだけでなく、バスタブの縁《ふち》に高さがあって、出入りに苦労したからです（床も濡れているので、何度も転びそうになりました）。

また今回の仮住まいでは、お風呂が使いにくくて困りました（**図表23**）。今まで意識もしていませんでしたが、右利きか左利きかによって使いやすいバスタブの位置（左右）が異なるのです。こういったことも実際に使ってみないとなかなか気づけません。

一流ホテルにはグローエなど海外製のレインシャ

ワーがついているバスルームも多いので、将来リノベを考えている人は設備試用の目的もかねて旅行時の宿泊先を選んでみるのもよいでしょう。

真夜中の切ない作業

引越を機にモノを捨てたい、減らしたいと思っている人は多いはず。私もその1人でした。そこで写真はもちろん、卒業証書や卒業アルバムまでデジタル化して現物は廃棄しました。

デジタル化には手間やお金がかかります。すると「お金を払ってまで残す必要があるのか？」と自分に問えるようになります。**大量の本やアルバム、思い出グッズを保管している人は、少しでいいからデジタル化を始めてみてはどうでしょう。**お金がかかると「それだけの価値があるものか？」と考えやすくなるはずです。

それ以外の物理的なモノ（デジタル化できないもの）は引越の準備をしながら捨てればいいやと考えていたのですが、それは甘い考えでした。いろいろ考えながらでは、荷造りがまったく進みません。

荷造りをしながら痛感したのは、モノの所有に伴う手間と時間の大きさです。これまで何年も使っていなかったものをクロゼットの奥から引っ張りだし、あらためてダンボールに詰めるのは複雑な気持ちでした。

引越後もまたしまい込んで何年も使わないのであれば、荷造りや荷ほどきの手間に加え、その分高くなっている引越代や保管料もまったくの無駄です。大半はいつでも買えるものばかり。なのにそれだけのコストをかけて本当に所有しつづけるべきなのか？

理屈ではわかっているのに「いつか使えそうなもの」を溜め込んでしまうのはモノへの依存症にも思えます。真夜中、切ない気持ちでパッキングを続けましたが、結局、詰める際に捨てられたのは1割にも充たない量だったと思います（その後、リノベ後の開封時に追加で1割くらいは処分できました）。

入居可能日は随時確認

リノベ後の部屋に戻るときにも落とし穴が待ち受けています。というのも、**さまざまな理由により工事が予定通り終わるかどうか、ギリギリまでわからない**からです。

リノベ完了日がわからないと、仮住まいの退去日、保管倉庫の契約終了日、引越日などが決められません。仮住まいの退去日に工事が終わっていないと、人間はホテルにでも泊まればいいですが、家財の行き場がなくなり途方に暮れます。

また、リノベ後にすぐ新居で暮らし始めるには、最低限、寝具くらいは必要です。その配送を工事完了直後の日程に指定していると、工事が延びたとき荷物が受け取れません。このあたりのスケジューリングは本当に綱渡りでした。なので、**リノベ会社には定期的に工事の進み具合を確認し、早め早めに完成日の確認をしておきましょう。**

リノベのポイント

42 3月の引越は避けましょう。また、不要家財の処分業者や保管業者は早めに探し始めましょう。

43 リノベを考え始めた時点でモノの処分を始めましょう。大量の本や写真はこれを機にデジタル化してはいかがでしょうか。

44 リノベを機に新たに備えたい住宅設備がある場合は、民泊やホテルなど試用できる場所がないか探してみましょう。

45 リノベ完了日は工事の進捗状況によって前後します。定期的に工事の進行具合を確認しましょう。

第13章

リノベで「親の家問題」を解決

さいごに1つ。リノベを経験して強く感じたのが「これは親の家問題のパワフルな解決策になる」ということでした。たとえば次のような問題です。

- 実家の親がモノを溜め込み、どんどん倉庫部屋が増えている。
- 不要品を捨てるよう言っても変わらず、何度も言うとケンカになる。
- モノを高く積み上げており、地震の際には大ケガをする可能性がある。
- 階段や段差、たこ足配線のケーブルなど、転びかねない危険な場所が多い。
- 子供が独立した家は広すぎて掃除も大変。
- ふたりで暮らすには部屋が細かく分かれすぎている。
- 水回りなど住宅設備が老朽化している。
- 出火しかねないほど古い家電を使い続けており、危ないと指摘しても買い換えない。
- 定年して時間を持てあましている。

どれもありがちな問題ですが、これらの解決に「親の家のリノベ」は大きな効果がありま す。リノベすれば長年溜めこんだ荷物を整理するきっかけになるし、家具を作りつけることで地震対策にもなります。リノベは判断の連続で学びも多く、脳の活性化にも役立ちます。ショールーム巡りもいい運動になるでしょう。

なにより「家をかたづけたほうがいい」「モノが多すぎるから捨てないとダメだ」など小言じみたことを言うよりも、「リノベして住みやすい家にしたら？」と勧めるほうが、よほど言いやすいし聞き入れてもらいやすいですよね。

両親ふたりで今後の生活について話し合うきっかけも得られるし、娘、息子がリノベ相談にのることで、親子間でも将来について話し合う機会が得られます。リノベは「お金はあるけどヒマでしょうがない」という人には最適なエンターテインメントなのです。

リノベは「元気なうち」に

ケガや病気をしてからでは遅い

60代だと「まだ元気だからバリアフリーなんて必要ない」という人もいますが、骨折や大病をしたあとにリノベを始めるのはとても大変です。体の自由がきかなくなった人をモノや段差の多い家で介護するのは（ケガや病気をした本人だけでなく）介護する人にも大きな負担であり、リノベは「まだまだ元気なうち」にこそすませておくべきです。

事故予防になる

それに「まだ転んでいないタイミング」でリノベをすれば、転ぶリスク自体が減らせます。いくら元気に見えても視力、筋力、瞬発力などが衰え、今までなら打撲ですんだ転倒で骨折してしまう高齢者もいます。

屋内の温度差をなくすことで浴室や寒い廊下でのヒートショック事故が減らせるし、寝室をトイレの近くに移しておけば「夜中に2階の寝室から1階のトイレに急ごうとして起きる転倒事故」を予防できます。火事や転倒の原因になるたこ足配線を解消し、地震で倒れてきかねない大きな家具をすべて作りつけ収納に変更するだけで、健康寿命を大きく延ばせるかもしれないのです。

設備交換に投資できる

お風呂やトイレ、台所や給湯器といった老朽化した設備の交換も、早めにやっておくべきです。あまり高齢になると「いつまで生きるかわからないのにお金をかけたくない」と言いだし、老朽化した設備を延々と使い続けるハメになります。けれど高齢者の家で、お風呂やトイレが突然壊れてから慌てて交換工事をするのはあまりに不便です。

早めにリノベをすれば「まだ長く住むからちゃんと投資しよう」と思えます。「あと20年はこの家に住む」と思える段階で「次の20年を快適に過ごせる住まい」を整えてしまうのがベストなのです。

元気なうちにモノの量を減らせる

定年すれば仕事用の衣類や靴も不要になるし、子供たちも独立の時期を迎え、「小学校の運動会のビデオ」をいつまで置いておくのか、冷静に考えられます。しまい込んでいた高価な食器やもらいモノも「せっかくリノベしてキレイな家になったんだから今こそ使おう」と考えやすくなるでしょう。

「モノを捨てる」のは「モノを買う」よりはるかにむずかしい知的作業です。体力にも判断力にも余裕のあるタイミングで整理できなければ、一生ずっとモノに埋もれて暮らすことになります。「リノベを機に」すれば、これまで捨てられなかったものも少しは捨てやすくなるのではないでしょうか。

これからの暮らし方について家族で話し合える

若い男性のリノベ体験談に「彼女にリノベの相談をしているうちに結婚することになった」と書いてありました。リノベを経験した今、その気持ちがよくわかります。住まいについて話し合うのは、2人の将来のあり方について考えることでもあるからです。

高齢の両親にリノベを勧めるのもまさに同じ理由です。これからどのように暮らしていきたいのか、定年時にあらためて話し合う夫婦は多くありません。でもリノベプランを前にすれば、それらも自然と話題に上ります。

実家リノベからの学び

以前、ケガをして足を悪くした母のため、実家の水回りをリフォームしました。部分リフォームだったので、私は近くの商業施設や公民館のトイレと銭湯を使いながら工事中もその家に住み続けました。でも足の悪い母にはそういうことができません。ケガをしてからではリフォーム中の仮住まい探しも大変です。

その後、母は病気や転倒を繰り返し、要介護度も5まで上がっていきました。その様子を見ていて、水回りのリフォームを早めにやっておいて本当によかったと思いました。特によかったのは次のような点です。

- **寝室をトイレの近くに移動したこと**
- **トイレの壁をなくし、オープンな洗面スペースにトイレを設置したこと**

・トイレとお風呂を近くし、床を掃除しやすいビニール床に変えたこと
・洗面台を2つ設置し、1つは車椅子のまま使えるようにしたこと

寝室とトイレの距離は、いつまで自力でトイレに行けるかを決めてしまう重要な要素です。トイレを壁で囲まずオープンなスペースに配置すれば、トイレ介助は圧倒的にやりやすくなります。また、トイレのそばに浴室があれば、汚れた体もすぐにきれいにできます。

洗面台が2つあると、1つは汚れ物の浸け置き洗いに使えるし、洗面台の下部をあけておけば、車椅子のまま洗面や歯みがきができます。リノベによって、「より長く、1人でできることを維持」できるのです。

当時は思いつかなかったけれど、あのときやっておけばよかったと思うこともあります。

・寝室や居室だけでなく廊下や洗面室にも冷暖房がいきとどくようにし、1年中、適温が保てる家にする（足を悪くして歩くのが遅くなると、廊下での滞在時間が想像以上に長くなります）
・襖《ふすま》など、寄りかかると外れて転倒する可能性のある建具は撤去する
・畳のような汚れを落としにくい床材は減らす
・徘徊防止のため、玄関ドアに隠し錠をつける
・リビングに昼寝できるデイベッドスペースを設ける

親がケガや病気で入院すると、退院後に生活しやすいよう、入院中にリフォームしようと考える家もありますが、親の入院ケアとリフォームを同時並行するのは（自分の仕事もある子世代にとって）容易ではありません。高齢化に備えたリフォームやリノベを親が元気なうちにやっておけば、本人だけでなく介護をする人の負担も大きく減らせるのです。

リノベ向け助成制度あれこれ

リノベにはさまざまな助成金や税制優遇が用意されています。特に高齢者向けのリノベ助成にはどの自治体も力を入れています。詳しくは住宅リフォーム推進協議会、もしくは各自治体のサイトを見ていただければと思いますが、一般的には**図表24**のような分野にたいして助成金が出ます。国、都道府県、市町村区、そして税務当局と複数の行政主体が優遇制度を提供しており、なかには重複して申請できる制度もあります。

助成金を受ける条件としては、特定製品を使うこと、特定の工法で工事することのほか、申請者の年齢や所得、施工業者の立地に制限がつく場合（市町村の助成金については、「市内に事業所のある業者が施工した場合のみ適用」という条件がよくついています）もあります。

［図表24］ リフォーム関連の助成金や税制優遇例

	分類	目　的	助成の対象例
1	防災	災害時の建物の倒壊、火災、延焼の防止 死亡者、負傷者数の削減	• 耐震化 • 耐火性能の向上 • 火災報知器の設置 • 雨水貯水槽の設置 • 家具転倒防止など
2	省エネルギー	エネルギー効率の向上 節電効果の高い機器の普及	• 断熱 • 内窓（インナーサッシ） • 省エネ機器の設置
2.5	エネルギー＆環境	自然エネルギーの普及	• 太陽光パネル • バイオマス発電設備
3	環境	環境負荷の低い設備の普及 有害建材の除去、削減	• 生ゴミ処理設備 • 水洗トイレ、浄化槽 • アスベスト除去 • ノンフロン建材
4	バリアフリー	自宅で暮らし続ける高齢者を増やし、行政の介護費用を削減	• 段差解消 • 手すり設置 • 開き戸から引き戸への変更
5	同居促進	高齢単身者世帯の削減	• 二世帯住宅の建設
6	長期優良住宅化	住宅寿命の延長 • 産業廃棄物の削減 • 住宅価格の抑制 中古住宅の流通促進	• 耐用年数の長い建材、工法 • 改築、補修しやすい設計 • 中古住宅の品質保証
7	空き家対策	防犯、防火 地域活性化、税収増	• 空き家リフォーム＋再活用

特に気をつけるべきは申請のタイミングです。**リフォーム関連の助成金の大半は事前に申請し、許可が下りてから工事契約、もしくは着工という流れ**になります。工事が始まってからの申請では助成されないので気をつけましょう。

なお、すでに介護認定を受けている人の住居については、介護保険に基づくリフォーム補助もあるので、こちらはケアマネージャーに相談しましょう。

助成金についての基本的な考え方

今回のリノベでは私も助成金や税制優遇を申請しました。対象は内窓をつけて二重窓にしたことによる省エネ工事と、段差をなくしトイレを広くしたことなどによるバリアフリー・リフォームに関するもので、恩恵総額は45万円にも上っています。

助成金の申請には設計図や資材の品番、見積書や施工前後の写真なども必要になるし、税制優遇の申請には**「増改築等工事証明書」**をリノベ会社に作ってもらう必要があります。

こういった書類の作成には手数料がかかる場合もあるので、「その費用より助成される額のほうが本当に大きいのか？」、確認も必要だし、確定申告時期の直前に依頼したりすると書類作成が間に合わないこともあるので注意が必要です。

リノベだけでなく中古マンションを購入する場合は、年末のローン残高に応じて所得税が還付される住宅ローン減税が使える場合もあります。総額で数百万円の税金が戻ってくることもあるこの制度、なぜこんなに太っ腹なのかといえば、国民が家を買うと国にも大きなメリットがあるからです。多くの人は住宅を買えば家電や家具を買い、カーテンから布団まで買い換えるため、景気刺激策、内需振興策として効果が大きいのです。

そのうえ、35年など長期のローンを組んだ人は、少々いやなことがあっても仕事を辞めません。自動車や宝石を買わせても、ローンはせいぜい10年です。35年もの長い期間、「どんなにつらくても、頑張って働こう」と国民に思わせられる商品は、家以外にありません。

マンションを売る側は「住宅ローン減税があるから（不動産価格が少々）予算を超えていても大丈夫！」とか、「夫婦で別々にローンを組むペアローンなら融資額も増やせ、住宅ローン減税もそれぞれに使えるからすごくお得です！」などと煽りますが、あまりそういった営業トークに乗せられすぎないほうがいいと思います。

私のお勧めは「税制優遇がなくてもこの物件を買いたいか」「助成金がなくても、このリノベ工事をやりたいか？」と考えることです。「助成金が○○万円以上、得られるならバリアフリーにする」といった条件つき判断は複雑すぎるうえ、途中で「この建材を使わないと助成金がもらえなくなる」などと言われ当惑します。

住宅ローン減税も、出産などで収入がとだえると適用されないし、離婚しても簡単には連帯保証が外せないなど、驚くようなリスクもあります。エコポイントなども含め、助成金は「もらえたらラッキー」くらいに考えておくべきものなのです。

必要書類の依頼は早めに

一般的に特定の助成金を何度も申請している人は手続きに慣れています。たとえばケアマネージャーは、介護保険に基づくバリアフリー改修の助成金申請を何度も繰り返しており、手続きがとてもスムーズです。同じように「二重窓をつけて助成金をもらおう！」とサイトで宣伝している工務店（サッシ屋さん？）も、その制度の申請には慣れっこです。また大きなリノベ会社の場合、そういった書類作成の専門部署があったりもします。

一方、規模の小さな設計事務所に手間のかかる書類作成を頼むと、時間がかかったり、それなりの手数料を請求されたりします。申請手続や書類作成に慣れていないリノベ会社もあるので、助成金の申請を検討する場合はできるだけ早い段階で相談しましょう。

いずれにせよ省エネやバリアフリーなど助成対象となる工事の多い「親の家」リノベをする際には、事前に関連サイトをみて勉強しておきたいものです（巻末資料5）。

46 リノベは「モノにあふれた親の家」問題を解決できる有効な手段です。親が「元気なうちに」リノベを勧めてみましょう。

47 省エネやバリアフリーなど、リノベにはさまざまな助成金や税制優遇があります。ただし手続きは複雑で面倒。工事前の申請が必要な場合も多いので、早めにリノベ会社に相談しましょう。

第14章

さあ始めよう！

ここまで読んでくださったみなさん、「我が家もリノベしたい！」と思っていただけたでしょうか？　ここではそんな方向けに、まずはどこから始めればよいかを書いておきます。

お勧めは**「具体的なプロセスに入る前に、しっかりと時間をかけてリノベでなにを実現したいのか考える」＋「個別相談に行き始めたら一気に進める」**というメリハリのついたスケジュールです。最初は「いくらかかるのか」や「そんなことが可能なのか」などは気にせず、ただただ純粋に「何を変えたいのか」「どんな家にしたいのか」を考えましょう。なぜならそれこそが、もっとも大事なことだからです。

「理想の住まい」の具体化が最初の一歩

「どんな家にしたいのか」というイメージを膨らませるための作業は、隙間時間に手元でできる情報収集と、実際に外に出かけて見に行く方法に分かれます。

【手元で情報収集】

①リノベ事例が紹介されている雑誌を読む

②リノベ会社のサイトに載っている事例を見る

③ ピンタレスト（後述）に気に入った写真を集める

【足を運んで情報収集】

④ 新築・中古マンションの内覧に行く
⑤ 住宅設備や建材のショールームに行く
⑥ 民泊物件やホテルで気になる設備を体験してみる

まずはリノベ事例満載の専門誌を読みまくりましょう。ここで役立つのがキンドルアンリミテッド（Kindle Unlimited）というアマゾンの電子書籍向けサービスです。月額980円で本や雑誌が読み放題になる定額サービスで、リノベ関係の雑誌もたくさん含まれています。

これだとヒマな休日にソファに座ったまま「2時間で20冊くらいのリノベ雑誌をサクサク読む」ことができます。重い本を買いに行く必要もないし、リノベ後に本が残って場所をとることもありません。気に入った写真はスクリーンショットとしてスマホやタブレットに残せるので、あとからリノベ会社に希望するイメージを伝えるときにも役立ちます。

私も「リノベーション」や「リフォーム」というキーワードで役立ちそうな本や雑誌を検索し、50冊くらい＝合計数万円分の本を（980円で）読みました。

もう1つ、圧倒的に便利なのが**ピンタレスト**（Pinterest）というアプリです（https://www.pinterest.jp/）。このアプリは、1つの写真を選ぶと、それによく似た画像をネット上から大量に探してきてくれます。たとえば好みのバスルームの写真を1つ登録すると、同じテイストのバスルームの写真が（日本だけではなく世界中の雑誌やサイト、個人ブログなどから）集められ、一覧で見られるようになるのです。

「こういうインテリアすてき！」とか「こんなアイデアもあったんだ！」と新鮮なアイデアが次々と得られるので、フォルダを作り、キッチン、バスルーム、ベッドルームなどカテゴリーごとに「自分好みの写真」をまとめておけば、言葉で説明するより圧倒的に正確に「自分が実現したいイメージ」をリノベ会社に伝えられます。

最後にリノベ会社のサイトに載っている事例を見て具体的なイメージが固まってきたら、次は実際に物件を見に行きましょう。

物件の内覧やショールームに出かけよう

本やネットから得られるのは平面的なイメージだけなので、生活感や空間感覚（広さなど）を伴ったイメージ作りには現地見学が不可欠です。都市部では新築や中古マンションのチラシがひっきりなしにポストに入っているし、リノベ物件を売っている不動産会社にメール登録しておくと、内覧できる物件情報が定期的に送られてきます。

新築マンションでは最新設備が見学できるし、リノベ物件では（新築物件には見られない）動線や収納の工夫が見られます。詳しい説明もしていただけるので、あれこれ質問して勉強しましょう。

なお、こういったところを訪ねると、アンケートと称していろいろな個人情報を求められます。住所を書いてDMが届くくらいはいいのですが、電話がかかってきたり、個人情報の流出が心配という人もいるでしょう。

私の場合、こういう用途向けに固定電話を維持しており、電話番号は常にそちらしか記入しませんでした。年収や予算については記載しなくても問い詰められたりはしないので、いつも空欄のまま提出しています。

都市部には住宅設備から輸入壁紙、床材、建具やタイル、照明器具にシステム家具までさまざまなショールームがあり、情報はリノベ雑誌に載っています。本書でも巻末資料2に、私が訪ねたショールームをまとめておきました。

ただし！

前述したようにショールームは「メーカーがもっとも売りたい高価格帯商品の展示場」な

ので、ここで商品を選ぶ必要はありません。私と同じ轍《てつ》を踏まないように！

これからの暮らし方をじっくり考えよう

いろいろな情報が集まったら、これからの暮らし方についてじっくり考えましょう。リノベを始めると、たとえ家族であっても意見の異なるコトがたくさん出てきます。特に内装にどこまでお金をかけるべきかなんて、価値観によってまったく違います。

壁に本物のレンガを貼りたい人、偽物レンガでいいけれど、立体的なものを貼りたい人、さらにはレンガ模様の壁紙で十分と考える人……それぞれが30万円、10万円、3万円だとして「壁紙なんてありえない。本物のレンガじゃなくちゃ」と思う人もいれば、「ごく狭い範囲の壁に30万円も出すなんてありえない」と思う人もいます。

足して2で割り10万円のコースを選ぶと、1人は「高すぎる。壁紙でよかったのに」と不満、もう1人も、「やっぱり本物とは質感がぜんぜん違う。がっかりだ」と不満が残ったりするのでやっかいです。

最悪なのは、双方がリノベ会社の担当者を自分の味方につけて意見を通そうとし始めること。「絶対こっちのほうがいいですよね！」などと賛同を求められても、担当者も困ってしまいます（一方、このあたりをうまくさばいて話を進めるのが担当者の力量ともいえます）。

大事なのは、**リノベについて考えたり話しあったりすることで、これからの暮らし方に関する意識が共有できること**です。本物のレンガかレンガ柄の壁紙かという意見の違いは、もしかすると何年そのマンションに住むつもりかなど、今後の働き方や子育て方針に関する見通しの違いから生まれているかもしれません。

リノベは、生活環境が変わるタイミングでおこなわれることが多いものです。結婚して初めて一緒に住む部屋のリノベや、子供ができたことを機にしてのリノベ、子供の独立を機にして、定年を機にして、フリーランスになったことを機にしてなど、生活が大きく変わるタイミングでは、「これからどんな暮らしをしていきたいのか」というイメージが固まっていない場合も多いでしょう。

そういったことを抽象的に考えるのは簡単ではありませんが、「どんな間取りにしたいか」を題材に考えれば、一気に思考が進みます。リノベは資金計画も含め、これからの生活についてじっくり考え、話し合うとてもよい機会なのです。

リノベのポイント

㊽なにより大事なのは「どんな家にしたいのか」をしっかり考えることです。そのため、最初の情報収集には十分な時間をかけ、希望イメージが固まったら一気に進めるというメリハリのついたスケジュールがお勧めです。

㊾ピンタレストとキンドルアンリミテッドはリノベ関連の情報を集めるのにものすごく役立ちます。

㊿理想の家や資金計画について考える（話し合う）ことは、今後の暮らし方をじっくり考えるよい機会になります。

おわりに

家に関しては「賃貸か所有か」という結論の出ない大論争があります。私の場合20年前にマンションを買ったのは「クビになっても住まいを失わないため」でした。勤めていた外資系企業で能力に限界を感じ「住む場所さえ確保しておけばあとの生活費はバイトでもまかなえる」と、短期間で返せる範囲の借金（ローン）をしてマンションを買いました。

そんな消極的な理由で買った家ではありますが、今回リノベをし、自由に改修できる家を持っていることのメリットをようやく実感できました。「ここまで自分に合ったオリジナルな住まいが実現できるなら不動産をもつ意味もあるよね」と初めて思えたのです。

しかもリノベは本当に楽しいプロセスでした。私の趣味は海外旅行で、18歳から毎年欠かさず海外に出かけています。ところがリノベにかかりっきりになった1年は、日本からまったく出ていません。

実はこれまで海外旅行をしなかったのは母が大病をして倒れた年と、この年の2年だけです。いつもは数カ月も日本にいると「どっか行きたい！」と旅行の虫が騒ぐのに、今回はまったくそういう気になりませんでした。それくらいリノベのプロセスは楽しかったのです。

学びも本当に多かった。リノベは共同プロジェクト型の取引だと書きましたが、これまでの私は常に「働く側」「プロフェッショナル側」として共同プロジェクトに参加していました。「客側」として共同プロジェクトに参加するのは初めての経験だったのです。

医者も自分が病気になって初めて患者の気持ちがわかるといいますが、私にも反対の立場を経験してあらためて理解できたことがたくさんあります。なかでも身にしみたのは「みなさんのような方々（もしくは貴社のような会社）と仕事ができることを心から嬉しく思っている」と顧客に伝え続けることの重要さです。

今までは成果を重視するあまり「共同プロジェクトなんだからそっちも頑張ってもらわないと！」と、お客様なのに叱咤したりプレッシャーをかけたりということも多かったのですが、一緒に仕事ができる機会をいただけたことや共同プロジェクトのパートナーに選んでもらえたことへの感謝を忘れず、「ちきりんさんと仕事ができて本当によかった」と思ってもらえるプロフェッショナルでありたいとしみじみ思い（反省し？）ました。そう思わせてくれたリノベ会社の担当者の方には本当に感謝しています。

不動産は高いしリノベには引越など面倒も伴います。私も洗濯機が壊れなければ、まだあの住みにくい間取りを細かい工夫でごまかし続けていたかもしれません。でもリノベを経験して断言できるようになったのは、家に合わせて暮らすのではなく、自分の暮らしに合わせて家を変えることのメリットの大きさです。

働き方、生き方と同じように、暮らし方も「ありモノに合わせる」「世間一般のもので我慢する」のではなく、自分の希望に合わせて作りかえればかたづきも良くなり、本当にラクに暮らせます。

多くの方がそういう機会を得られ、（私のように）失敗したり驚愕したり戸惑ったりしながら「自分オリジナルの家」を手に入れられますよう、心から祈りつつ、終わりにしたいと思います。最後まで読んでいただき、ありがとうございました。

そんじゃーね！

【2020年9月　追記】

リノベーションに関する補足資料としてキンドル・リノベシリーズ（電子書籍）も書いています。併せてご活用ください。

『VOL.01　賃貸か購入か　判断基準はこの3つ』
『VOL.02　リノベの相談に行く前に読む本』
『VOL.03　床材と壁紙について　これだけは知っておきたい！』

資料
1 リノベ費用の明細

ここではリノベの費用を「基本工事」「設備・内装」「管理・税金」の３つに分け、リノベ会社のお勧め設備をそのまま使った総額700万円のベースプランと、内装や設備に施主の特別なリクエストを反映した1200万円のこだわりプランを比較しています。

基本工事費用

基本工事費用は「壊す」費用と「作る」費用に分かれます。

（単位：万円）

			ベースプラン	こだわりプラン	差額
			700万円	1200万円	
基本工事	壊す	① 解体・処分	60	60	0
	作る	② 壁・梁・天井・ドア	112	130	18
		③ 床	71	71	0
		④ ガス・給湯・給排水	53	76	23
		⑤ 電気・コンセント	41	49	8
		⑥ 照明	18	22	4
		⑦ その他工事	26	35	9
合計			381	443	62

① 解体・処分

60平米のマンションをスケルトンにしたところ、解体と廃棄物の処分に60万円がかかりました。リノベ会社からは「処分費用が高いんです……」と言われましたが、家中の壁、床、キッチンからお風呂まで外して出てきた処分品の量は膨大で、それらすべてを（運搬代含め）数十万円で処理できるなんてむしろ安くてビックリです。

彼らの言う「処分費が高い」は、正確には「最近はすごく高い」という意味で、おそ

解体で出てくる廃棄物
これでもごく一部。
これだけの廃棄物を近隣住民の生活の邪魔にならないよう運び出すのはとても気を遣う作業。

らく昔はとても安く処分できていたのでしょう。反対にいえば、環境問題が厳しくなる今後はもっと高くなるのかもしれません。

②壁・梁・天井・ドア

ベースプランで112万円、こだわりプランで130万円です。

内訳

- 天井や梁型を作る費用　20万円
- 壁を作る費用　35万円（45万円）　※カッコ内はこだわりプラン（以下同）
- 壁紙代　34万円
- 下地補強やサッシ枠を作る費用　16万円
- ドア関連の費用　7万円（15万円）

新たな壁は部屋を区切る間仕切り壁だけでなく、部屋全体を囲むよう外周すべてに設置されています（▶3図）。これにより壁の裏側（壁と躯体の間）に給水管や電気配線を通せ、スイッチやコンセントがどこにでも設置できるようになり、ネジや釘も打つことができるようになりました。

③床

床は（マンションの管理規約との絡みもあり、こだわりプランでも）突き板のフローリングを使用していますが、無垢材を使ったり、特殊な貼り方をすればこれよりはるかに高くなります。

内訳

- レベラー工事費（床を平らにする工事。194頁参照）　22万円
- フローリング床材　18万円
- フローリング工事費　10万円
- 洗面室フロアタイル（床材）　8万円
- 洗面室の置き床を作る材料費と工事費　8万円
  （床下に給排水管などを通せるよう躯体の上に二重床を作ります）
- 見切りや巾木《はばき》（材料と工事費合計）5万円
  （見切り＝床材が〔フローリングからタイルなどへ〕変わる部分、
  巾木＝壁が床と交わる部分につけるもの）

●壁は間切り壁だけじゃない！

・間仕切り壁のみの場合（ちきりん家リノベ前）

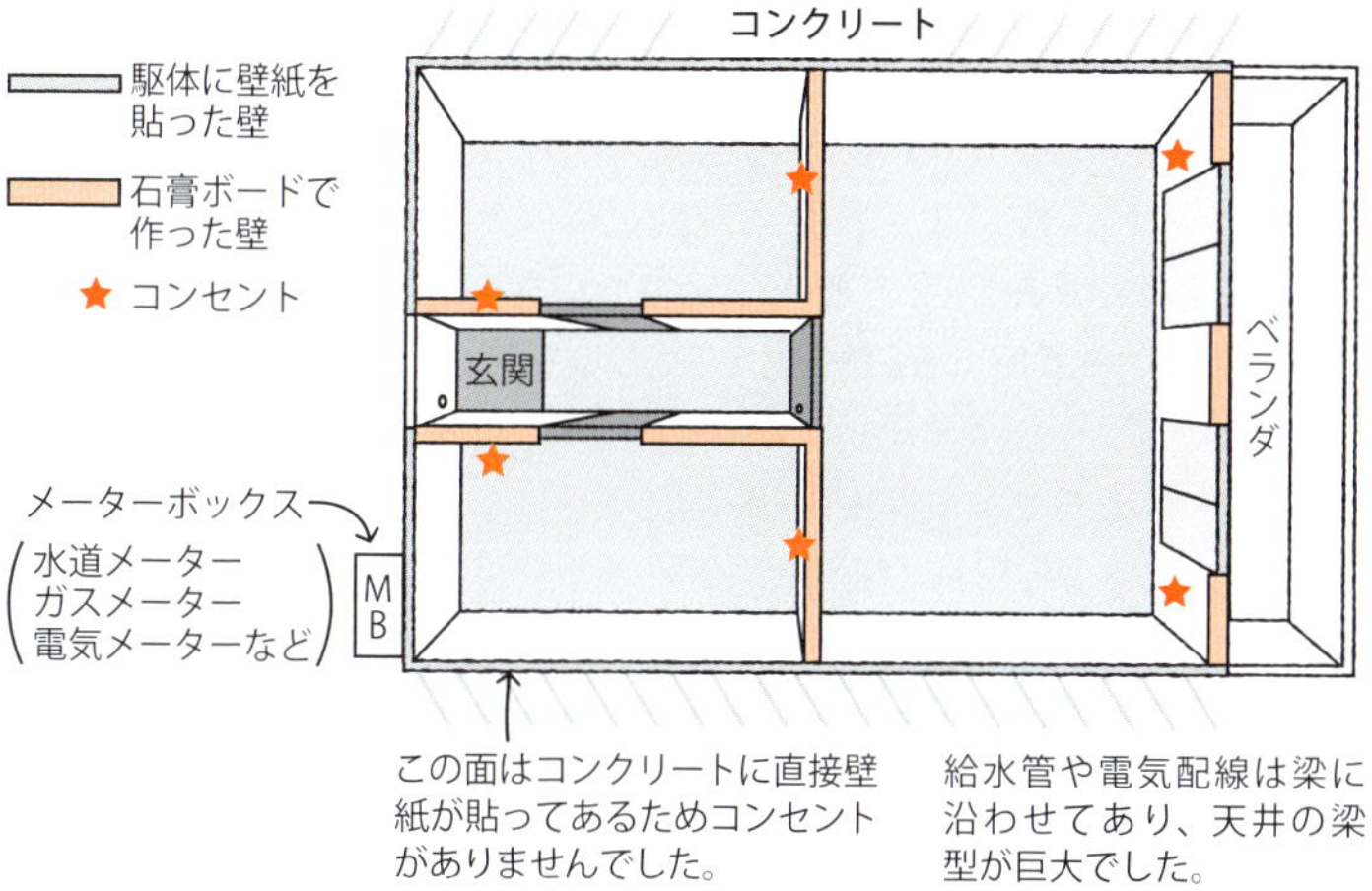

・外周にぐるりと壁を作る場合（ちきりん家リノベ後）

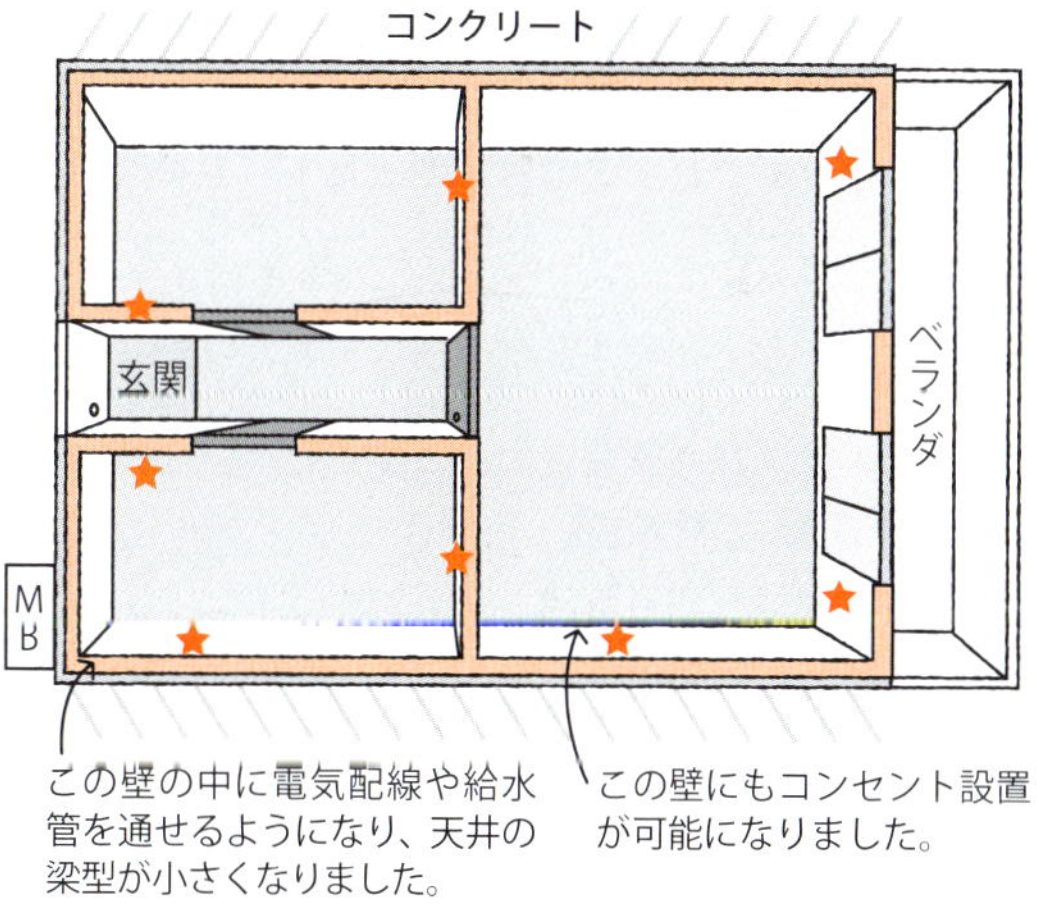

④ガス・給湯・給排水

ベースプランで53万円、こだわりプランで76万円。差は給湯器の違いです。通常なら20万円ほどですが、ガス温水式ミストサウナをお風呂につけるには熱源機と呼ばれるタイプが必要となり、関連する工事や検査費も高くなっています。

内訳

・給排水管の交換　16万円
・給湯器（熱源機）の代金と工事費　24万円（40万円）
・ガス工事費　13万円（20万円）

⑤電気・コンセント

40万から50万円と、これもけっこうかかりますね。

内訳

・分電盤　7万5千円
・スイッチ・コンセント配線・設置費用　28万円
・専用配線加算費　4万5千円（9万5千円）
・カラースイッチプレート、人感センサーなど　1万円（4万円）

消費電力の大きな電気製品を同時に使ってもブレーカーが落ちないよう専用配線を増やしました。その大半はキッチン家電のためです。

⑥照明

掃除が嫌いなのですべて天井埋め込み型ダウンライト（LED）にしました。こだわりプランでは間接照明も加えましたが、家中すべての照明で約20万円とかなり安いです（有名デザイナーのオシャレなランプなら1つ10万円を超えることも珍しくありません）。

ホコリがたまるというデメリットはありますが、スポットライトの位置が調節できるダクトレール式の照明や、調光や調色が可能なLEDライト、スマホで操作できるスマート照明など最近はさまざまな選択肢があります。また、人の動きを関知して自動的に点灯・消灯するセンサーライトや、部屋の雰囲気をグッとよくする間接照明もお勧めです。

⑦その他工事

マンションには、区分所有者の判断では変更できない設備が室内にも多々あります。これらに関する工事はリノベ会社経由で、マンションの管理組合が契約する特定のメンテ会社に依頼します。

個人で変えられないもの

- エントランスのカメラや自動ドアと連動したインターホンシステム
- 管理人室やセキュリティ会社にまでつながる緊急連絡ボタン
- 自動火災報知器や（キッチンの）熱感知器
- （高層マンションの場合）スプリンクラー
- マンション全体のインターネットやケーブルテレビの配信設備

これらの工事費用はメンテ会社の「言い値」となり、複雑＝便利なシステムが多数ついているタワーマンションでは相当に高額となる場合もあります。新築マンションを買う際はあれこれ便利機能がついているとお得な気もしますが、リノベの際には余計なコスト増の原因にもなるというわけです。

内訳

- 自動火災報知器とインターホンの移設　10万円（メンテ会社へ依頼）
- 洗濯機関連の費用　5万円
- レジスター（通気口）、点検口、玄関ドアガードなどの材料と工事費　7万円
- カーテンボックス　材料と工事費　4万円（5万円）
- エアコン2台　取りつけ費用　0円（8万円）

以上が「基本工事」で、ベースプランで合計381万円、こだわりプランで443万円でした。次はもっとも差の大きくなる設備・内装費用を見ていきましょう。

設備・内装費用

ベースプランでは162万円ですが、こだわりプランでは506万円と3倍以上の費用がかかっています。

（単位：万円）

		ベースプラン 700万円	こだわりプラン 1200万円	差額
設備・内装	① ユニットバス	53	89	36
	② キッチン	57	120	63
	③ 洗面台	17	53	36
	④ トイレ	21	24	3
	⑤ 収納	14	40	26
	⑥ こだわり内装	0	100	100
	⑦ 断熱・二重窓	0	80	80
設備・内装　合計		162	506	344

①ユニットバス

今回こだわったのはシャワーとミストサウナのみです。ほかにも最近のユニットバスにはオーディオシステムやテレビ、ムーディな照明や肩湯、ジャグジーなどさまざまなオプションが用意されており、あれこれつけていると止めどなく高くなります。

セミオーダーやオーダーの浴室になるとさらに高価となり、1日の疲れをとるための大事な場所ではあるけれど、どこまでお金をかけるか判断がむずかしいところです。私も最初はショールームで気に入った最高級品のユニットバスをつけたいと考えたのですが、見積もりで150万円かかると言われてやめました。

なお、浴室の入口ドアを引き戸にしたら開け閉めに場所を取らなくなり、出入りもとても楽になりました。これはお勧めです！

内訳

- ユニットバス（シャワー込み）代金　43万5千円（60万円）
- 関連工事費　9万5千円
- ミストサウナつき浴室乾燥機 代金　0円（12万円）
- ミストサウナ関連工事費　0円（7万5千円）

②キッチン

ベースプランでは57万円なのに、こだわりプランでは120万円と倍以上になりました（ベースプランはキッチンのみで家電収納棚は含みません）。第8章で書いた通り「魚焼きグリルをつけたくない！」と騒ぎ、ガスの大火力ひとくちコンロを指名買い、必要な

調理家電がすべて収納できる家電収納棚をセミオーダーしたためです。食器洗浄機や浄水器はつけていませんが、それらをつけるとさらに高くなります。

内訳

- システムキッチン代金　44万円（55万円）
- 別発注コンロ　0円（12万円）
- 家電＆食器収納棚　0円（33万円）
- 設置工事費　13万円（20万円）

③洗面台

ベースプランはパナソニックのユニット型洗面台を使って17万円ですが、高価な輸入洗面台を選んだこだわりプランでは、総額53万円と３倍以上です。これは今回のリノベのなかでもっとも太っ腹な出費だったと思います。

●洗面台のチョイス

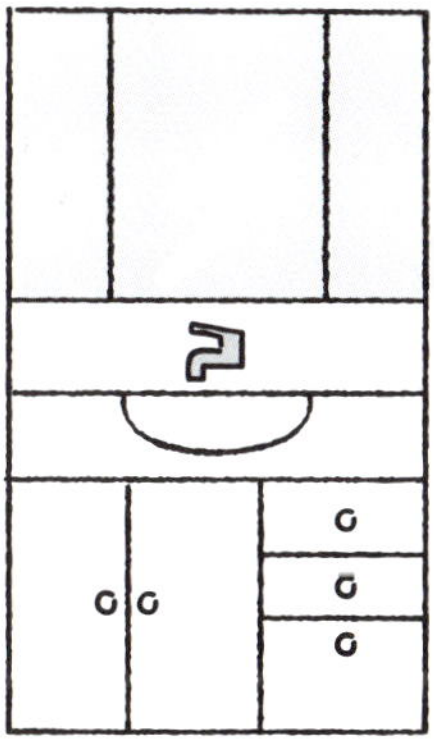

メーカー洗面台

- 収納充実
- 一体型でそうじ簡単
- シャワー水栓や、くもらない鏡など機能充実
- 10万から20万円

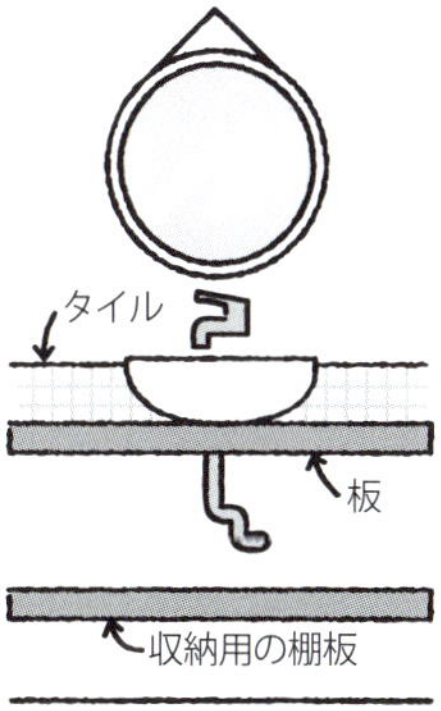

板にボウルをのせたもの

- 洗面ボウル、板、水栓、タイル、鏡など好みのものを組み合わせられる。とてもおしゃれ
- 20万から40万円（選んだパーツの価格による）

●〈参考〉ちきりんのチョイス

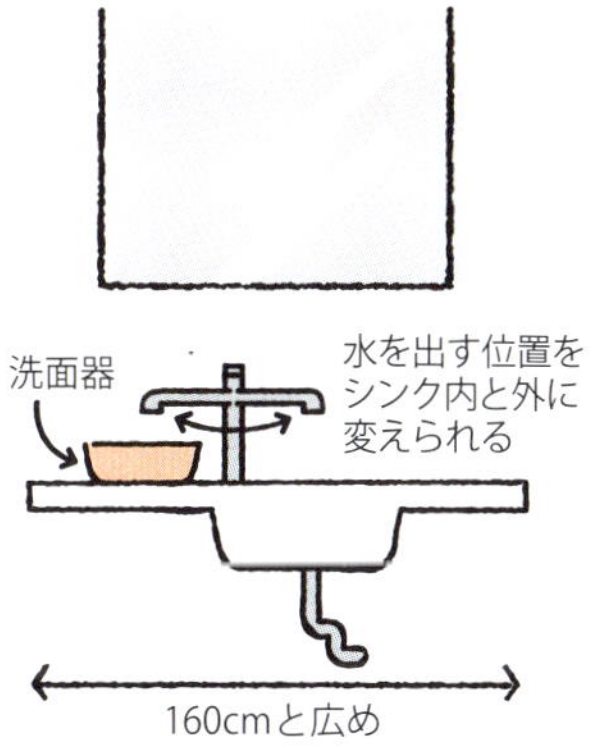

洗面台（陶器の一体型）

- 洗面台の広さを優先
- 私が選んだのは輸入物で50万円と高額な洗面台ですが、10万円以下のすてきなものもたくさんあります！

最近のリノベ事例では、木の板の上に白い陶器の洗面ボウルを置き、前面にタイルを貼った造作洗面台（前頁イラスト中央）が人気のようです。

④トイレ

ベースプランの21万円とこだわりプラン24万円の差はショールームで衝動買いしたおしゃれなアームレスト代金です（237頁、写真26-e）。何度も書いているように、ショールームは行けば行くほど無駄づかいが増えます……。

なお、デザインがより洗練され、自動で掃除までする最新式の便器をつければ、さらに10万円くらい高くなります。

内訳

- 洗浄機能つき便器　9万5千円
- アームレスト、吊り戸　5万円（8万円）
- 換気扇などを含むトイレ関連資材費と工事費　6万5千円

⑤収納

ベースプランは14万円、こだわりプランは40万円です。

収納システムでもっとも高価なのは、海外製の壁面システム収納で、モノによっては1部屋分で100万円近くかかります。無垢材で造作する特注家具も、1つ数十万円する場合も。

安くあげるにはIKEAや通販で買った収納システムを施主支給で取りつけてもらう方法や、棚やハンガーバーのみつけて収納扉はつけず、突っ張り棒に布をかけて隠すような方法があります。また、新築マンションのデベロッパー系列のリノベ会社なら、新築用の収納システムをリノベでも選べたりしてお得です。

もちろんリノベ後に置き家具を買えばさらに安くできるでしょうが、せっかくリノベするなら収納はすっきりと作りつけるのもお勧めです。

今回は必要な収納の大半を作りつけたため、地震で倒れてくるリスクもなくなりました。また第11章の写真28-cのように、棚の中にコンセントやLAN端子をつけたことで配線が隠せ、とてもすっきりしました。

⑥こだわり内装

こだわりプランではここに100万円かけています。（ベースプランはゼロ）このあた

りの費用はいくらでも減らせるし、いくらでも増やせます。今回お金をかけたのは大半が仕事にも使うスペースです。

内訳

- 玄関ホール……イタリアからの輸入タイル（床）（25万円）
  ……輸入壁紙を貼った特注の収納扉（48万円）
- リビングの壁のレンガ（装飾）（12万円）
- 仕事用の書棚（造作）（15万円）

⑦断熱・二重窓

夏は強烈な日差し、冬は大きな窓ガラスからの冷気に困っていたので、すべて二重窓にしました。紫外線で床も家具も色褪せてしまっていたので、UVカット機能の高いガラスを選んでいます。

断熱については、現場で発泡ウレタンフォームを吹きつけています。費用合計は80万円ですが、エコリフォームの助成金や税制優遇で数十万円が戻ってきました。

内訳

- 内窓（ペアガラス、UVカット）（47万円）
- 断熱（吹きつけ）（33万円）

＊いずれもこだわりプランのみ

管理・税金費用

最後は工事に付随する費用と、リノベ会社に払う設計・管理費、そして消費税です。

（単位：万円）

		ベースプラン 700万円	こだわりプラン 1200万円	差額
管理・税金	①付随費用	28	28	0
	②設計・管理費	77	134	57
	③消費税	52	89	37
管理・税金　合計		157	251	94

①付随費用

・養生、整理、清掃、クリーニング　11万円
・検査、保証費用　6万円
・駐車場代（2カ月半分）　11万円

リノベ中はマンションのエントランスやエレベーター内、共用廊下などを養生し、材料の運搬などで汚れたら掃除もします。工事が終わると、引渡前には部屋全体をクリーニングします。そういった費用が11万円。

検査、保証費用は最終的なチェック費用やアフターサービスのための費用。リノベ会社のなかには、工事後数年から10年程度の保証をつける会社も増えています。

駐車場代は職人さんの車のためです。無料の駐車スペースがあれば不要だし、超都心部の場合はさらに高くなります。

②設計・管理費

会社規模や工事総額にもよりますが、概ね工事費の10%から15%をリノベ会社の経費として支払います。

最初の個別相談からいくども修正をお願いする設計、ショールームへの同行、見積書の作成、必要資材の調達から施工会社の手配、工事の管理、それぞれの段階で発生するトラブル処理なども含む業務内容からみれば妥当な額、もしくは安すぎるようにも思え、ほかからの副収入がなければ帳尻が合わないのではと感じるほどです。

特に、不動産業界は右から左に物件を動かすだけで（売り手と買い手の両方を見つければ物件価格の６%という）巨額の利益が転がりこむ業界なので、それらと比べればリノベは手間のかかる、かなり地道なビジネスだと思います。

③消費税

ベースプランで52万円、こだわりプランで89万円。税率８%の時代です。

以上がベーシックな700万円プランと、あれこれこだわりを実現した1200万円プランの詳細内訳でした。この差の500万円を「妥当」「価値がある」と考えるか、「無駄」「割高」と考えるか。それによって人それぞれの「リノベの予算」が決まるのです。

リノベ以外の費用

リノベ会社以外に払う費用もすべてあわせれば単身者でも数十万円はかかるでしょう。譲れないところと割り切るところをしっかり分け、メリハリをつけた予算管理でリノベ後にも楽しく暮らせる余裕を残しておきましょう。

- 引越費用
- リノベ前に使っていた家具など不要品の処分費用
- 工事期間中の住居費＝自宅リノベの場合は仮住まい費用、新たに購入した部屋をリノベする場合は、工事期間中の（住宅ローンを支払いつつの）賃貸家賃
- 工事期間中の、リノベをしている部屋の管理費や光熱費
- 家具や家電、エアコンやカーテンなどの新調費用
- 自宅リノベの場合、鍵のつけかえ費用

新築マンションやリノベずみマンションは既製品だけれどリノベはオーダー品。オーダーメードの洋服と同様、割高だけれど自分にぴったりなものが手に入ります
リノベで新しくした家に20年住むとすれば、700万円は月3万円、1200万円は月5万円分にあたります。私にとってはそれぐらいが妥当なリノベ予算と思えました
壁紙や収納、便器などは後からでも変えられますが、断熱やフルフラット化、間取りの大幅変更はスケルトンにしないとむずかしいです。予算に限りのある場合は、後者を優先しましょう
グッドラック！

資料

2 ショールーム

ショールームは設計士や施工業者などのプロ向け、個人施主向けとたくさんあります。情報はリノベ雑誌に掲載されているほか、リノベ会社からも教えてもらえます。ショールームの集積地、西新宿のショールームについては下記のようなまとめサイトも参考になりました。

- 新宿住まいのショールーム会
  https://www.sumai-showroom.com/

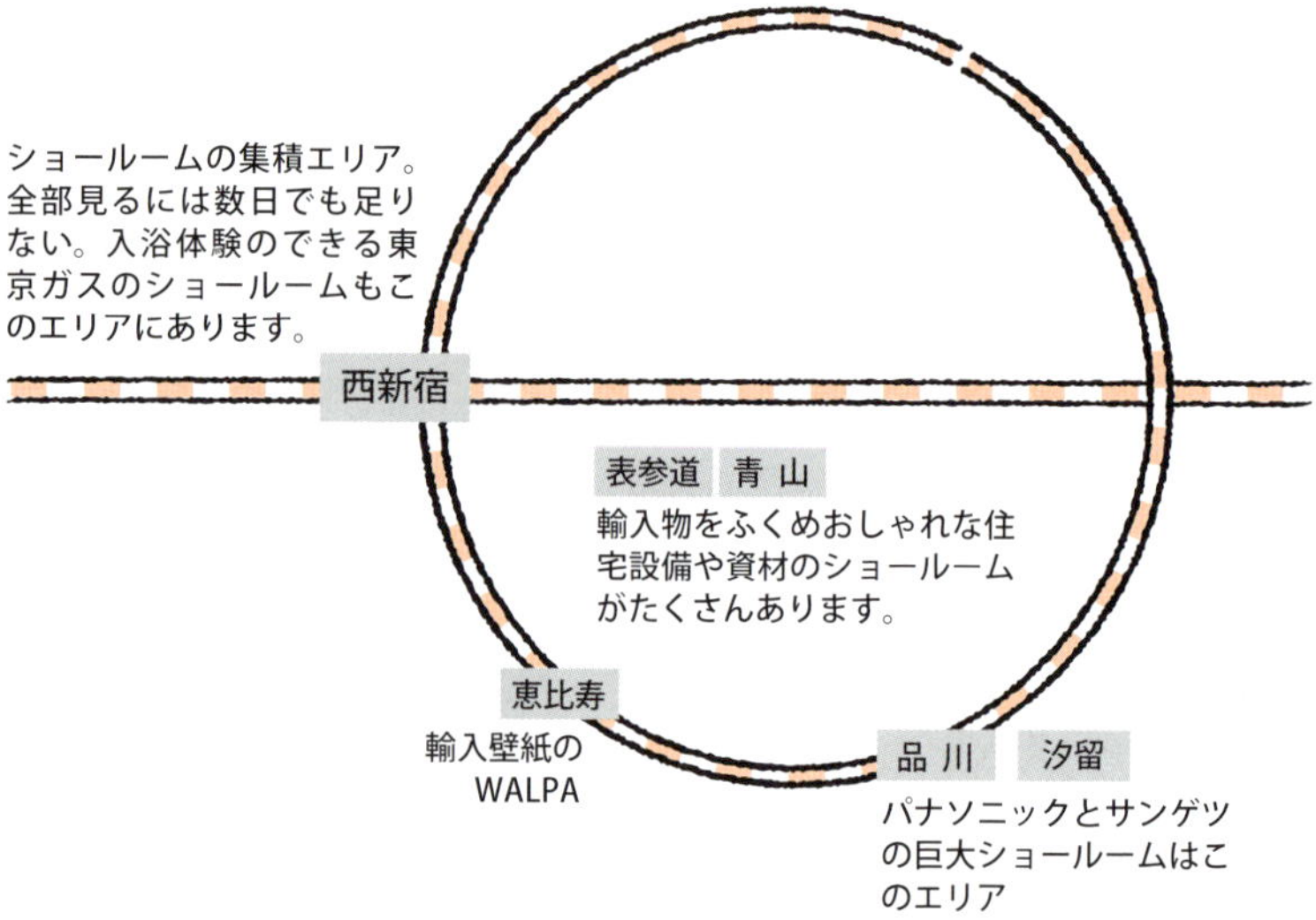

ちきりんの訪れたショールーム

床材・壁紙・タイル

- WOODTEC
- サンゲツ
- アドヴァン
- WALPA
- 平田タイル
- 名古屋モザイク

住宅設備など

- LIXIL
- パナソニック
- クリナップ
- TOTO

- ウッドワン
- タカラスタンダード
- AICA
- 東京ガス
- サンワカンパニー
- トクラス
- セラトレーディング
- グローエ
- YKKAP
- タチカワブラインド

ショールーム以外にも、ニトリやIKEAなどの家具店、コーナンやカインズなどのホームセンター、東急ハンズにTOOLBOX、家電量販店から100均までさまざまな業態の店舗を回りました。

なお、事務所にショールームを併設しているリノベ会社もあり、それらも7カ所ぐらい訪れています。

資料
3
マンションリフォームの売上ランキング

マンションリフォーム売上ランキング BEST 20

（単位：億円）

1	住友不動産グループ	183.0
2	三井不動産グループ	85.9
3	ニッカホームグループ	60.0
4	大京リフォーム・デザイン	58.3
5	パナソニックホームズ	53.3
6	トータルテック	42.6
7	長谷工リフォーム	42.3
8	リノベる	40.0
9	BXゆとりフォーム	34.0
10	インテリックス空間設計	33.3
11	ナサホーム	31.0
12	アートリフォーム	30.0
13	Ginza	29.6
14	ミサワホームグループ	29.0
15	東急Re・デザイン	27.0
16	大和ハウスグループ	24.2
17	OKUTA	23.8
18	サンリフォーム	22.7
19	リノステージ	20.2
20	リベア	19.6

出所：リフォーム産業新聞　2018年10月22日　No.1334

資料 4

参考書籍&雑誌

◎書籍、ムック

『勝間式 超ロジカル家事』勝間和代（アチーブメント出版、2017年）
『99％後悔しない 65歳からのリフォーム&家づくり』 小川千賀子（日本文芸社、2016年）
『55㎡までの心地よいコンパクト暮らし』 大橋史子（朝日新聞出版、2018年）
『3,000軒を設計した建築士が教える 50代から生涯暮らすリフォーム 後悔しない47の工夫』 天野彰、天野彰人（KADOKAWA、2018年）
『新装版 主婦建築家が考えた「住みやすいリフォーム」115の知恵』 竹岡美智子（講談社、2013年）
『新築を超える　建築家が願いを叶えるマンション・リノベーション』（マガジンランド、2014年）
『「中古マンション×最小寸法」でかなえる最高のリノベーション』滝川智庸（幻冬舎、2019年）
『「日本でいちばん大切にしたい会社」の社長が書いた　住宅リフォームを考えたら必ず読む本』二宮生憲（あさ出版、2018年）
『ビギナーのための賢い家のつくり方 中古を買って、リノベーション。』
谷島香奈子＋EcoDeco（東洋出版、2014年）
『マンションリノベアイディアブック　Best48』（扶桑社、2018年）
『マンションリフォームのすべてがわかる本』（枻出版社、2014年）
『リノベーションでかなえる、自分らしい暮らしとインテリア LIFE in TOKYO』ブルースタジオ（著）、石井 健（監修）（エクスナレッジ、2014年）
『リノベーションハウスのベストスタイルブック』（主婦の友社、2017年）

◎雑誌

『暮らし快適REFORM GUIDE首都圏版　市区で探せるリフォーム会社144』（良質住まいのネットワーク、2017年）
『SUUMOリフォーム 実例&会社が見つかる本 首都圏版 2019年WINTER』（リクルート、2018年）
『SUUMOリフォーム 実例&会社が見つかる本 関西版 2018年AUTUMN』（リクルート、2018年）
『住まいの設備を選ぶ本 2019WINTER』（リクルート、2018年）
『中古を買ってリノベーション　2018Autumn&Winter』（リクルート、2018年）
『relife プラス』各号（扶桑社、年４回発行）

※雑誌は定期的に新しい号が発売されます。

資料

5 参考サイト

国土交通省　住宅リフォーム事業者団体登録制度

国土交通省は「住宅リフォーム事業の健全な発達及び消費者が安心してリフォームを行うことができる環境の整備を図るため」、住宅リフォーム事業者団体登録制度をつくっており、登録団体は下記に掲載されています。
http://www.mlit.go.jp/jutakukentiku/house/jutakukentiku_house_tk4_000090.html

一般社団法人　住宅リフォーム推進協議会

・トップページ　http://www.j-reform.com/
・リフォームの減税制度　http://www.j-reform.com/zeisei/
・地方別・内容別の支援制度検索ページ
http://www.j-reform.com/reform-support/
・住宅リフォーム事業者団体登録制度について
http://www.j-reform.com/reform-dantai/

一般社団法人　リノベーション協議会

・https://www.renovation.or.jp/

リフォーム関連の税制優遇について

・国税庁「マイホームの取得や増改築などしたとき」の税金について
https://www.nta.go.jp/taxes/shiraberu/taxanswer/shotoku/shoto303.htm

・固定資産税は各自治体のサイトをご覧ください
東京都主税局の軽減制度に関するサイト
http://www.tax.metro.tokyo.jp/common/genmen.html
バリアフリー　http://www.tax.metro.tokyo.jp/shisan/info/20070727.pdf
省エネ　http://www.tax.metro.tokyo.jp/shisan/info/shouene.pdf

た

な

索引

〔写真〕

写真14-a	サンワカンパニー
写真14-b	IKEA
写真14-c	TOOLBOX
写真14-d，写真21	インテリックス空間設計
写真1～写真7	
写真16～18	
写真20-a，b，c	著者提供
写真8～13	
写真15，写真19	
写真20-d	
写真22～32	疋田千里&橋本千尋

[著者]
ちきりん
関西出身。バブル期に証券会社に就職。その後、米国での大学院留学、外資系企業勤務を経て2011年から文筆活動に専念。2005年開設の社会派ブログ「Chikirinの日記」は、日本有数のアクセスと読者数を誇る。
シリーズ累計30万部のベストセラー『自分のアタマで考えよう』『マーケット感覚を身につけよう』『自分の時間を取り戻そう』(ダイヤモンド社)のほか、『「自分メディア」はこう作る!』(文藝春秋)など著書多数。

・Chikirinの日記
https://chikirin.hatenablog.com/
・ちきりんセレクト
https://chikirin-shop.hatenablog.com/
・ツイッター
https://twitter.com/InsideCHIKIRIN

徹底的に考えてリノベをしたら、みんなに伝えたくなった50のこと

2019年4月3日　第1刷発行
2020年10月2日　第5刷発行

著　者——ちきりん
発行所——ダイヤモンド社
〒150-8409　東京都渋谷区神宮前6-12-17
https://www.diamond.co.jp/
電話／03･5778･7233(編集)　03･5778･7240(販売)
イラスト——豊島愛(キットデザイン)
カバーデザイン—小口翔平(tobufune)
本文デザイン—岩永香穂(tobufune)
DTP———一企画
校正————加藤義廣(小柳商店)、三森由紀子
製作進行——ダイヤモンド・グラフィック社
印刷————勇進印刷(本文)・新藤慶昌堂(カバー)
製本————ブックアート
編集担当——横田大樹

ISBN 978-4-478-10774-4